FACE
AU GLAIVE
—
L. Le Leu
H. & L. CASTERMAN
ÉDITEURS

FACE AU GLAIVE

N° 32 des Fastes de l'Eglise

C'était le puissant seigneur, Messire Thomas Becket,
qui voyageait pour négocier les intérêts du roi d'Angleterre. (P. 21.)

Les Fastes de l'Eglise

FACE AU GLAIVE

PAR

L. Le Leu

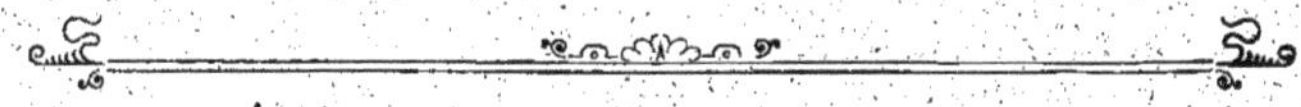

ÉTABLISSEMENTS CASTERMAN
Société Anonyme
PARIS, Rue Bonaparte, 66 — TOURNAI (Belgique)

SOMMAIRE HISTORIQUE DU VOLUME.

Le Césarisme est le grand mal dont souffre l'Eglise au seuil du moyen-âge, malgré les victoires gagnées par les papes sur ce terrain. — Les papes Anastase IV, Adrien IV, Alexandre III. — Le César allemand Frédéric Barberousse et la Papauté. — Le Césarisme en Angleterre sous le roi Henri II. — Thomas Becket, d'abord chancelier du royaume britannique, puis archevêque de Cantorbéry, se déclare le champion des libertés de l'Eglise. — Il est persécuté comme son prédécesseur Anselme. — Son héroïque conduite. — Il est assassiné par ordre du roi sur les marches de l'autel de sa basilique. — Fin du pontificat d'Alexandre III. — Il réunit le onzième Concile œcuménique, IIIᵉ de Latran. — Il met au rang des saints, Bernard, l'illustre abbé de Clairvaux, et Thomas Becket, l'archevêque de Cantorbéry, martyr. — 1150 à 1186.

IMPRIMATUR

Tornaci, die 21 Junii 1912.

V. CANTINEAU, can. cens. lib.

PRÉFACE

L'histoire de l'Eglise, et surtout celle des siècles que nous traversons avec ces pages, retentit de toutes parts des échos de ses luttes gigantesques contre le Césarisme.

C'est une question très complexe que celle de ces luttes, et elle ne doit pas être envisagée à la légère et sur de simples apparences.

Les esprits superficiels ne voient généralement qu'une chose : l'Eglise, disent-ils, n'a été si âprement en guerre contre le Césarisme que parce qu'elle-même était descendue sur le terrain du Césarisme, avec ses pontifes qui étaient rois, et ses évêques qui étaient seigneurs féodaux.

On oublie, en parlant ainsi, que l'Eglise étant, sur la terre, une société d'hommes, les hommes qui composent cette société doivent vivre de la vie sociale et trouver dans cette vie des éléments d'équilibre et de paix.

Pour cela, il faut nécessairement qu'il y ait entente entre la société civile et la société religieuse, et nous avons vu que cette entente s'est souvent faite pour le plus grand bien de tous ; par exemple : chez les peuples nouvellement convertis à l'Evangile.

Cependant, nous voyons aussi que le désaccord n'a jamais beaucoup tardé à se montrer et à engendrer des luttes interminables entre les deux sociétés spirituelle et temporelle, dont les intérêts ne sont pas les mêmes, en apparence, du moins.

La vérité oblige à reconnaître franchement que la raison de ces luttes désastreuses réside dans un manque d'équilibre entre ces divers intérêts qui, jusqu'ici, n'ont pas été mis en balance exacte d'une façon pratique.

Si, d'une part, en effet, les princes temporels ont toujours commis cette grave erreur de vouloir dominer tyranniquement l'autorité spirituelle, d'autre part, parmi les représentants de l'autorité spirituelle, il y en eut, qui, par leur ambition, leurs mœurs trop séculières, firent schisme de deux manières avec l'esprit de l'Evangile et les enseignements apostoliques. Les uns, en effet, se firent tyrans sur le même pied que les tyrans et en opposition avec eux; d'autres pactisèrent avec le Césarisme, oppresseur de l'Eglise, se soumirent entièrement au Césarisme, comme certains antipapes césariens, et augmentèrent le trouble, en avilissant le principe spirituel devant le principe temporel; c'était là, en d'autres termes, reconnaître que le corps doit diriger l'âme, ce qui est une erreur à jamais néfaste et perturbatrice du plan divin.

Les intérêts de l'esprit immortel et ceux du corps mortel sont naturellement divergents; le grand art doit consister à savoir les équilibrer dans une entente harmonieuse, non-seulement dans les individus, mais surtout dans les sociétés humaines.

Depuis deux mille ans que ce résultat est poursuivi, il n'est pas encore atteint, parce qu'il ne peut pas l'être complètement sur la terre avant que la terre soit changée par l'Esprit de Dieu et transfigurée dans les gloires de l'équilibre éternel.

Ceci se fera au temps où le Fils de l'Homme viendra opérer le grand jugement et où, dans une chair et sur une terre glorifiées, les immortels ressuscités entreront, par Lui, en Lui et avec Lui, dans les siècles éternels de la future et harmonieuse vie.

Mais, si le corps ne doit pas annihiler l'esprit, l'esprit non plus ne doit pas supprimer le corps; car le corps est nécessaire à l'esprit pour prendre connaissance des gloires de la Création et en admirer le plan sublime.

L'esprit ne saurait faire à Dieu un plus grand outrage que de mépriser, de dégrader ou de détruire les instruments qu'il lui a donnés pour le connaître, l'aimer, le servir et arriver à la vie éternelle.

Or, Dieu ne pouvant être connu que par ses œuvres, et ses œuvres étant sensibles, c'est par l'exercice sage des sens corporels que l'esprit peut apprendre à connaître Dieu; de là, le respect que l'on doit au corps, le sage emploi que l'on doit faire de ses énergies, les honneurs que rend l'Eglise aux dépouilles mortelles des saints et la certitude que nous donne la foi au sujet de la vie future, qui aura lieu dans le corps et sur la terre transfigurés dans l'harmonie divine et éternelle.[1] Tout l'Ancien et tout le Nouveau Testament sont pleins de cette vérité de foi, qui, nous l'espérons, deviendra un jour, pour beaucoup, une vérité de raison.

Le rôle de l'Eglise véritable, à travers les âges, est de

----

(1) Le grand génie de S. Thomas d'Aquin, dont nous raconterons prochainement la gloire, a magnifiquement développé ces vérités dans ses œuvres philosophiques. Nous montrerons que, même au point de vue de nos idées, soi-disant modernes, S. Thomas d'Aquin mérite encore de nos jours le titre de précurseur.

garder soigneusement les vérités de l'ordre éternel et de ne
pas permettre que la lumière de la Révélation, la lumière
spirituelle, soit éteinte dans la matière sur laquelle domine
le Césarisme sous toutes ses formes; car ce n'est pas le
corps qui ressuscitera l'esprit, mais, au contraire, c'est bien
l'esprit qui reprendra et ressuscitera le corps. Or, le corps
passe, mais l'esprit demeure, il est donc de toute importance
de donner les plus grands soins à l'esprit, afin qu'il n'oublie
jamais les conditions de la vie future. Ces conditions sont
l'amour de Dieu et du prochain, c'est-à-dire la charité parfaite, puis la foi qui nous vient de la Révélation, et enfin
l'espérance ferme des choses à venir.

Le Prophète Daniel et l'Ange de l'Ecole, Thomas
d'Aquin, y ajoutent l'effort constant vers la connaissance; et
le prophète hébreu et le docteur chrétien se rencontrent pour
affirmer que la connaissance est le bien suprême de
l'homme.[1]

Voilà pourquoi l'Eglise véritable garde et enseigne les
sciences de l'esprit selon ses destinées éternelles et divines.

Elle est le corps du Christ, voilà pourquoi elle ne peut ni
ne doit se laisser opprimer spirituellement par César qui est
l'antagoniste du Christ.

Jésus, lumière de l'Eglise, Pierre et Paul, colonnes de
l'Eglise, ont réglé la conduite à tenir en pareil cas, et d'une
façon très nette.

---

(1) « *Qui docti fuerint; fulgebunt quasi splendor firmamenti, et qui ad justi-
tiam erudiunt multos, fulgebunt quasi stellæ in perpetuas æternitates.* » Ceux qui
auront connu les vérités de l'Etre et en auront instruit beaucoup d'hommes, brille-
ront, les premiers comme la lumière du firmament, les seconds comme des étoiles
dans des éternités perpétuelles. (Daniel xii, 3.) Voir aussi S. Thomas d'Aquin dans
ses œuvres.

Les deux sociétés doivent vivre en bon accord, sans se confondre quoiqu'en se mêlant, parce que les bases de leurs législations respectives sont opposées. Le Droit du Christ est basé sur l'unité dans l'amour, celui de César sur la division dans la lutte. Leur règne respectif a donc un principe opposé.

Aussi, saint Paul a-t-il recommandé aux chrétiens de vider leurs différends entre eux, en prenant pour arbitres les plus petits d'entre les fidèles, et il a fait une honte aux chrétiens, non-seulement d'en appeler, dans leurs différends, aux tribunaux de César, mais encore d'employer la même jurisprudence que ces tribunaux.[1]

Le Christ, saint Paul et saint Pierre ont ordonné l'obéissance à César en tout ce qui regarde César : « Honorez le roi et payez le tribut d'argent et de crainte à qui vous les devez.[2] » Le pouvoir de César, quoiqu'opposé au règne du Christ, vient de Dieu, qui a mis entre ses mains le glaive, dit saint Paul, qui ajoute : « Les princes ne sont pas à craindre pour ceux qui font de bonnes actions, mais pour ceux qui en font de mauvaises. Faites bien et les puissances vous loueront.[3] »

Or, faire le bien, ici, c'est être « revêtu de Jésus-Christ et ne pas chercher la satisfaction de ses désirs charnels.[4] »

Cela implique l'obligation de ne rien prendre à César de ce qui est à César, et de lui rendre tout ce que lui est dû, comme l'a enseigné maintes fois Notre-Seigneur Jésus-Christ lorsqu'il a dit : « Rendez à César ce qui est à César et à Dieu ce qui est à Dieu.[5] » Dans une autre circonstance, après

(1) S. Paul I. *Corinth.* vi, 1, 7.
(2) S. Pierre I, ch. ii.
(3) S. Paul. *Romains*, xiii.
(4) S. Paul. *Ibid.*
(5) S. Marc. xii, 17.

avoir constaté de nouveau cette obligation, il ordonne à saint Pierre de pêcher un poisson « tout exprès pour payer le tribut au percepteur qui se trouvait à la porte de Capharnaüm »; et ce poisson avait dans la bouche quatre drachmes.[1]

Les princes qui avaient fait de grandes concessions à l'Eglise, ne tardèrent pas à prétendre, de ce chef, s'asservir l'Eglise; et telle fut l'origine de cet immense conflit entre l'Eglise et le Césarisme, conflit dans lequel on voit tant d'odieux césars, tant de schismatiques à leur solde et dévotion, et tant de papes et d'évêques héroïques, sur la brèche des libertés ecclésiastiques, jusqu'à la mort.

Comme toujours, les passions et les intérêts ont jeté sur cette lutte un voile impénétrable pour beaucoup d'esprits.

L'Eglise pouvait accepter, quoique dangereux pour elle, les biens de César; ce qu'elle ne pouvait accepter et n'acceptera jamais, c'est le joug de César; car César est le prince de ce monde et il est jugé.

Voilà pourquoi on ne peut pas combattre César avec ses propres armes, mais avec les armes opposées qui sont : « Se revêtir de Jésus-Christ, c'est-à-dire de justice et de charité. »

A l'époque où nous sommes parvenus, les grands royaumes de l'Europe sont chrétiens; malgré les divisions qui existent entre l'Eglise et les princes, la voix de l'Eglise peut être entendue partout, et il est nécessaire que sa jurisprudence entre dans les mœurs et soit reconnue par les princes.

Depuis longtemps déjà, l'Eglise travaillait à cette œuvre,

(1) S. Matthieu xvii, 23-26.

et les empereurs chrétiens avaient admis le principe des tribunaux ecclésiastiques chargés de juger tous ceux qui appar-
tenaient, à quelque degré que ce soit, à la cléricature.

De cette façon, nul scandale ne résultait de ces procès
vis-à-vis du peuple. C'était, au fond, le droit d'être jugé par
ses pairs.

Constantin, Théodose, Charlemagne et leurs successeurs,
avaient inscrit ce droit dans leur code, et les officiers civils
étaient tenus d'exécuter les sentences épiscopales, sans délai
et sans appel. Le droit impérial carolingien laissait même aux
laïques la faculté d'accepter les évêques pour juges, tandis
que les « canons » ne reconnaissaient pas d'autres tribunaux
pour le clergé, même dans les causes criminelles.

Au douzième siècle, ce droit, dont sortira plus tard le
droit canonique actuel,[1] n'était pas universellement en
vigueur toutefois, et nous verrons, dans ce livre, des conflits
à ce sujet, en Angleterre.

De plus, des grands hommes paraîtront bientôt à l'horizon
intellectuel de l'Eglise; l'illustre Thomas d'Aquin, entre
autres, élèvera le monument sublime de ses œuvres, comme
un phare étincelant sur l'océan agité des idées de son siècle.

Il sera le docteur incomparable, l'oracle vénéré de
son époque, et de longs siècles seront pénétrés des rayons de
cette gloire et illuminés par les clartés de ce génie.

Comme toujours, il sera précédé dans la carrière par un
précurseur et par un maître, qu'il laissera bien derrière lui.
Ce sera Pierre Lombard, archevêque de Paris, surnommé le

---

(1) Le droit canonique actuel ne juge plus que les causes purement ecclésiastiques ;
le clergé relève comme tout le monde des tribunaux civils pour tous les délits dits de
droit commun.

Maître des Sentences, tandis que son élève recevra le nom glorieux d'Ange de l'Ecole.

Côte à côte avec le Docteur angélique, marchera le Docteur Séraphique, l'illustre Bonaventure, et, pendant que le premier magnifiera les puissances intellectuelles de l'esprit humain à la recherche de la vérité philosophique et de ses concordances avec la vérité révélée, le second élèvera toutes les énergies du cœur de l'homme sur les réalités brûlantes et sublimes du divin amour.

Mais, nous n'en sommes point encore là; cette aube se devine prochaine, elle ne s'est point encore levée.

Avant que ces guerriers intellectuels entrent en lice pour influencer magistralement l'esprit de la société chrétienne et apporter leur part de labeur au grand œuvre de l'harmonie entre l'Eglise et la société, d'autres luttes vont s'engager, continuant les luttes anciennes et corps à corps entre l'Eglise et César.

Quand cette aurore nouvelle paraîtra, la bataille sera déjà, en quelque sorte gagnée par l'Eglise sur le terrain même de la lutte, en Allemagne et en Angleterre.

Dans ce dernier royaume, surtout, un héros sera comme le saint Georges de ces combats.

Vaincu par la force et vainqueur par le martyre, Thomas Becket, chancelier et primat d'Angleterre, montrera comment, tout en payant le tribut à César, l'Eglise sait triompher de César à la manière du Christ.

FACE AU GLAIVE

I

SUR LE SIÈGE DE PIERRE.

A la mort du pape Eugène III, ami et ancien disciple de l'illustre Bernard de Clairvaux qui venait de le suivre dans la paix du tombeau,[1] un citoyen romain, cardinal-évêque de la Sabine, nommé Conrad, vieillard plein de sagesse et d'expérience, avait été élu pape à l'unanimité.

Ce règne devait être rapide comme un éclair et, le 2 décembre 1154, seize mois et vingt quatre jours après son élection, Anastase IV allait dormir son dernier sommeil, dans la basilique du Sauveur, au Latran, enseveli dans le merveilleux mausolée de porphyre que Constantin avait naguère fait élever pour sa mère Hélène et dont Anastase lui-même avait fait opérer le transport dans cette basilique.

Il y avait alors, sur le siège épiscopal d'Albano, un évêque d'origine anglaise, Nicolas Brakespeare qui, naguère, alors qu'il était abbé du monastère de Saint-Ruf, en France, était venu à Rome pour les affaires de sa charge, et, sur le point de s'en éloigner, y avait été retenu par le pape Eugène III, pour être sacré évêque d'Albano.

Le même pape, frappé de son honnêteté et de sa pru-

(1) Voir notre xxxᵉ volume, *La Lampe ardente*. Eugène III et S. Bernard moururent en 1153 à quarante-trois jours de distance.

dence,[1] l'avait envoyé comme légat en Norwège, d'où il venait de revenir comme Anastase mourait.

Comme, dès le lendemain même de cette mort, on procédait à l'élection d'un nouveau Pontife, tous les suffrages se portèrent sur Nicolas, à l'unanimité et comme par acclamation.

Malgré sa résistance, l'évêque d'Albano fut intronisé sous le nom d'Adrien IV, le 5 décembre de l'an 1154.

Cette élection semblait avoir un caractère providentiel.

Le même mois, le trône d'Angleterre changeait de maître.

Le jeune Henri Plantagenet, duc de Normandie, fils de l'impératrice Mathilde et de Geoffroy d'Anjou, montait sur ce trône où ses prédécesseurs, Etienne et Henri 1er, avaient persécuté l'Eglise.

Henri II, le nouveau roi, à la nouvelle de l'élévation d'un enfant de son peuple à la chaire de Saint-Pierre, se hâta d'adresser au nouveau pontife une lettre pleine de félicitations à la manière grecque, mais dont l'avenir prochain allait démentir toutes les promesses.

Plus sincères étaient les sentiments de la nation Anglaise, qu'exprima particulièrement au nouveau pape le moine Jean de Salisbury, qui accompagnait les trois évêques, ambassadeurs auprès d'Adrien IV, du roi et de la nation.

Adrien, lui, au milieu de la joie général, était triste et, ayant pris à part le moine Jean, il lui dit, avec des larmes dans les yeux :

— Vous ne sauriez mesurer l'étendue des regrets que

(1) Ce sont les termes du *Codex Vaticanus Romanorum Pontificorum.*

(2) Nous avons parlé dans le xxixe vol. des excès du roi Henri I d'Angleterre et des tribulations que subit, sous son règne, S. Anselme, archevêque de Cantorbéry et primat d'Angleterre. Le roi Etienne, successeur d'Henri I, avait eu également des démêlés avec le pape Eugène III et avait interdit aux évêques d'Angleterre aucun voyage à Rome.

Les portes s'ouvrent et le Pontife apparaît,
entouré de ses frères les cardinaux. (P. 47.)

j'éprouve d'être monté sur ce siège apostolique, où j'ai été placé malgré moi. Il n'y a pas d'homme plus à plaindre et de condition plus malheureuse que moi! Je me plaignais naguère de l'amertume dont ma vie a été abreuvée; c'était du miel et du bonheur en comparaison des misères que j'ai trouvées ici. Je succomberai avant peu sous ce fardeau. Cette chaire est hérissée d'épines qui me blessent; ce manteau d'écarlate m'étouffe et me brise; regardez ma couronne, comme elle brille!... c'est qu'elle est de feu!... Pourquoi ai-je quitté le sol natal de l'Angleterre! Pourquoi ne suis-je pas resté caché dans ma cellule de Saint-Ruf! Que d'angoisses ne me serais-je pas épargnées!

Et comme le moine Jean de Salisbury regardait avec tristesse et compassion le pontife désolé, Adrien continua :

— Mon frère bien-aimé, vous voyez en moi un homme qui, parti du plus humble rang du cloître, a gravi tous les degrés pour arriver au faîte souverain; eh bien! je vous le dis, chacun des degrés de ma carrière a été pour moi une perte de bonheur. Ah! qui me rendra l'humble paix de mes premiers jours! Sans cesse, le Seigneur m'a mis entre l'enclume et le marteau; si, maintenant, il n'y met pas la main, je succomberai sous le faix imposé à ma faiblesse! [1]

Adrien, les yeux tournés vers l'Angleterre, n'y voyait pas poindre de consolation.

Le roi Henri II, cependant, encore à l'aurore de son règne, semblait prendre vis-à-vis de l'Eglise, une attitude plus correcte que ses prédécesseurs, et ses premiers actes, empreints de modération et de justice, étaient applaudis de tous.

Sur la scène, bientôt, allait entrer un acteur important, sous les plus brillants auspices.

C'était Thomas Becket.

(1) D'après John Lingard, traduit par C. Baxton : *Hist. d'Angleterre*, t. I.

II

LE CHANCELIER D'ANGLETERRE.

Le temps avait passé.

Dans une bonne ville de France, la population était en rumeur; la foule, sortant de ses maisons, faisait la haie dans les rues étroites et, dans les rumeurs populaires, on sentait la curiosité impatiente et avide, de tout bon peuple de badauds alléché par la promesse d'un spectacle inaccoutumé.

Au lointain d'une longue rue droite, un remous annonça ce qu'on attendait, en même temps qu'à toutes les fenêtres des maisons, garnies de curieux, s'agitaient des écharpes en manière de salut.

Bientôt, on vit apparaître une troupe de deux cent cinquante jeunes gens chantant en chœur des airs nationaux. Ils étaient suivis d'une meute de magnifiques lévriers. Puis venaient huit grands chariots traînés chacun par cinq chevaux et montés par cinq cochers en habit neuf.

Chacun de ces chariots était couvert de peaux et gardé soigneusement par deux hommes d'armes aidés d'un gros chien molosse qui, tantôt était assis sur le chariot, tantôt marchait dessous, enchaîné.

Deux de ces chariots étaient chargés de tonneaux conte-

nant de l'ale [1], qui était destiné à être distribué aux populations, en cadeau de joyeux passage parmi elles.

Un autre chariot contenait tout ce qui est utile pour une
chapelle; un autre, un mobilier complet de chambre à
coucher; un autre, tout ce qui constitue le fourniment d'une
opulente cuisine; un autre portant une garde-robe bien complète dans des coffres aux riches ferrures et une grande
quantité de vaisselle d'argent; les deux derniers transpor-
taient les bagages ordinaires.

Après ces chariots, venaient douze chevaux de somme,
sur chacun desquels était un singe, avec un groom derrière,
à genoux.

Ensuite, venaient des écuyers portant les boucliers et
conduisant les chevaux de bataille de leurs chevaliers; puis,
encore d'autres écuyers, des enfants de gentilshommes, des
fauconniers, les officiers de la maison, les chevaliers et les
ecclésiastiques, deux à deux et à cheval, et enfin, fermant le
cortège, le maître de toute cette pompe, conversant familière-
ment avec ses amis.

C'était le puissant seigneur, messire Thomas Becket,
chancelier d'Angleterre, qui voyageait pour négocier les
intérêts du roi d'Angleterre auprès du roi de France, et
c'était là son habitude et sa façon de se tenir en voyage,
manière imposante qui faisait dire à tous les témoins de cette
magnificence :

— Quelle doit donc être la gloire du roi d'Angleterre,
pour que messire le chancelier de ce royaume déploie lui-
même tant de pompe! [2]

C'était ainsi que l'orgueil du favori rendait plus éclatant
encore l'orgueil du roi son maître.

(1) Bière anglaise.
(2) Lingard. *Hist. d'Angleterre.*

La fortune de Thomas était aussi brillante qu'elle avait été rapide.

Becket était le fils d'un des principaux citoyens de Londres. Dans son enfance, il avait été confié aux soins des chanoines de Merton, puis il avait continué ses études dans les écoles métropolitaines d'Oxford et de Paris.

Il était encore jeune, lorsque son père mourut; ce dernier avait un ami qui allait servir de tuteur au jeune Thomas; c'était Théobald archevêque de Cantorbéry qui jouait alors, dans les affaires publiques, un rôle prépondérant.

Théobald admit Becket dans sa famille et, bientôt, lui conseilla paternellement de se perfectionner encore dans la connaissance des lois civiles et ecclésiastiques.

Le jeune homme partit de nouveau, visita les célèbres écoles de Bologne et d'Auxerre, et revint après avoir profité des leçons des plus illustres maîtres.

Théobald, alors, s'occupa de sa fortune.

Successivement, Thomas obtint des emplois dans les églises de Lincoln et de Saint-Paul, puis la prévôté de Beverley et, bientôt, malgré la jalousie de l'archidiacre de Cantorbéry, Roger de Pont-l'Evêque, qui se plaisait à se croire déjà primat d'Angleterre, à cause de l'âge de Théobald, et voyait d'un mauvais œil l'affection de celui-ci pour Thomas, ce dernier allait franchir le dernier pas qui le mettrait en vue du plus splendide avenir.

Roger fut promu au siège épiscopal d'York et Théobald s'adjoignit comme archidiacre, le jeune Thomas Becket.

Mais, déjà, Thomas avait un implacable ennemi dont la haine devait le poursuivre jusqu'à la mort : c'était celui à qui il venait de succéder, lui enlevant ainsi cet archidiaconat de Cantorbéry, la plus riche dignité de l'Angleterre, après les évêchés et les abbayes qui donnaient le rang de barons à leurs possesseurs.

Sur ces entrefaites, Henri II était monté sur le trône et, se souvenant que Théobald avait toujours favorisé ses pré-tentions, jusqu'à souffrir l'exil pour sa cause, il l'appela auprès de lui comme conseiller du trône et chancelier d'Angleterre.

Mais l'archevêque de Cantorbéry était vieux et, après avoir rempli cette charge pendant deux ans, arrêté par l'âge et les infirmités, il demanda au roi la permission de prendre sa retraite, non, toutefois, sans avoir préparé et offert au jeune monarque encore inexpérimenté un guide sage et prudent, qu'il lui demanda d'accepter comme son successeur.

C'était le fils de son ancien ami, son jeune archidiacre. Le roi accepta, et ce fut ainsi que Thomas Becket, archi-diacre de Cantorbéry, siège primatial de l'Angleterre, devint chancelier.

Dès lors, Thomas inaugura cette importante carrière dont les gloires et les malheurs devaient illustrer à jamais son nom.

Certes, il avait les qualités parfaites de cet emploi, qui comportait la garde des sceaux du roi, la signature des dons et conventions, le soin de la chapelle royale, la tutelle des baronies et des évêchés vacants, et le droit de siéger dans le conseil du prince, en tout temps et sans y être appelé.

Une certaine auréole entourait la charge de chancelier qui, contrairement à la plupart des autres charges du royaume, ne pouvait être achetée, parce que, généralement, les chanceliers d'Angleterre, s'ils n'étaient pas déjà évêques, étaient appelés à le devenir presque certainement, de sorte qu'ainsi était écartée d'avance vis-à-vis d'eux toute accusation possible de simonie[1].

---

(1) On sait que la « simonie » une des plaies de cette époque, consiste dans le trafic des choses saintes, interdit de tout temps par les canons de l'Eglise.

Le chancelier était un guerrier distingué entre tous, aussi habile à la guerre qu'il l'était en politique.

Il avait enrôlé à ses propres frais, un corps de sept cents chevaliers et, lui-même, marchait à leur tête ; toujours au premier rang dans toutes les entreprises, il restait le dernier sur les lieux, pour assurer la stabilité des conquêtes. Sa bravoure était célèbre et la renommée chantait ses faits d'armes.[1]

Nul personnage, après le roi, n'était plus magnifique et plus heureux. Jouissant pleinement de toute la confiance du prince, vivant, avec lui-même, dans la plus grande familiarité, rien ne se faisait sans lui et il était l'oracle des conseils de la couronne. Sa maison était splendide, ses équipages superbes, sa table constamment ouverte à tous ceux que leurs affaires appelaient à la cour, et tellement fréquentée qu'elle était souvent trop petite pour le nombre des convives, de sorte que, par les ordres de Thomas, le pavé de la salle à manger devait être, chaque jour, abondamment couvert d'herbe ou de paille fraîche, afin que ceux qui ne pouvaient trouver place à la table, pussent néanmoins s'asseoir par terre sans crainte de souiller leurs vêtements.[2]

Tels étaient Thomas Bécket, archidiacre de l'Eglise de Cantorbéry et chancelier d'Angleterre, son prestige et sa fortune.

(1) Les coutumes du temps ne s'opposaient pas à ces mœurs à la fois ecclésiastiques et guerrières, que nous trouvons aujourd'hui contraires à l'esprit de l'Evangile. Sous le règne précédent, on avait vu maintes fois l'évêque de Winchester légat apostolique, à la tête des armées.

(2) Dit son biographe Stephanides.

III

VERS LA COURONNE.

Comme le pape Adrien IV l'avait prévu, son règne devait être court et pénible.

L'orage ne tarda pas à éclater, d'abord sous la forme de graves conflits entre la cour de Rome et celle de Palerme, après la mort de Roger de Sicile, en 1154.

Guillaume, surnommé le Mauvais, venait de monter sur ce trône, et, héritier de la puissance mais non des vertus de son prédécesseur, apportait le trouble dans ce royaume, par la dissolution des mœurs dont sa cour donnait l'exemple, et la dispersion des plus fidèles conseillers de son père, dont les uns prirent le chemin de l'exil, tandis que les autres allaient gémir au fond des cachots.

Dans un tel état d'esprit, il ne ménagea pas les outrages au pape, entrant en lutte ouverte avec ses conseils et son autorité.

Deux ans auparavant, était mort Conrad, roi des Romains, souverain de la Germanie et considéré comme empereur d'Occident, quoique les guerres civiles qui déchiraient Rome et l'Italie, n'eussent pas permis de le sacrer.

Comme son fils était encore tout enfant, Conrad avait

désigné comme son successeur, aux princes de l'Empire, son neveu Frédéric, duc de Souabe, habile politique et possédant toutes les qualités d'un chef d'état.

Elu par la diète de Francfort, le 4 février, Frédéric, surnommé Barberousse, à cause de la couleur de sa barbe, fut sacré roi de Germanie le 9 du même mois. [1]

Eugène III était encore pape, lorsque le nouveau roi se hâta de lui faire connaître son élection et de conclure, avec le pontife, un concordat par lequel il s'engageait à ne faire ni trève ni paix avec les Romains ni avec le roi de Sicile, sans l'avis du pape, auquel il promettait de soumettre les Romains, afin que le pontife rentrât dans la tranquillité et dans tous ses droits.

En retour, le pape s'engageait à l'honorer comme le fils le plus dévoué de saint Pierre, et à le couronner empereur sans difficulté ni contradiction d'aucune sorte. [2]

Mais Frédéric avait l'âme d'un tyran; il allait bientôt le montrer.

Le siège de Magdebourg devint vacant par la mort de l'archevêque et, comme on ne s'entendait pas pour élire le successeur, on prit Frédéric pour arbitre du différend.

Frédéric parvint à calmer les divisions, fit élire un évêque de son choix et lui conféra l'investiture, par le sceptre, attentant aux droits de l'autorité spirituelle du pape, qui en fut profondément et douloureusement surpris.

Le césarisme tyrannique et impie de Henri IV et de Henri V reparaissait, du même coup, en Allemagne.

Le pape Eugène III avait protesté, et des conflits s'étaient élevés déjà, lorsqu'il mourut.

---

(1) Voir le volume précédent xxxi⁰, pour le rôle que joua, aux Croisades, Frédéric Barberousse.

(2) On se souvient que la couronne impériale d'Occident ne pouvait être conférée que par les papes qui l'avaient créée.

C'était Adrien IV qui allait avoir à tenir tête au César germanique.

Frédéric, en effet, s'avançait vers l'Italie, pour aller se faire couronner, à Rome, empereur d'Occident.

Tout d'abord, il passe les Alpes et se rend à Pavie, où il ceint son front de la couronne de Lombardie.

La marche de son armée était comme une invasion de barbares, pillant jusqu'aux sanctuaires et incendiant les cités après les avoir dévastées.

C'était ainsi qu'il marchait vers Rome, où le fanatique agitateur, Arnaud de Brescia, troublait alors les esprits de toute la société chrétienne, enseignant des doctrines subversives, malgré les anathèmes réitérés, et multipliant les attentats contre le pontife et les cardinaux.

Le préfet de Rome, homme indécis et hésitant entre tous les partis, laissa la sédition et l'émeute gronder dans la ville éternelle, et les insurgés allèrent jusqu'à frapper et laisser pour mort, sur la voie sacrée, le vénérable Gérard, cardinal-prêtre du titre de Sainte-Pudentienne.

Adrien IV, à cette nouvelle, résolut alors de frapper sur Rome un coup retentissant; il fit ce que nul pontife n'avait encore fait : il lança l'interdit contre la ville pontificale tout entière.

On ne s'attendait pas à cet acte, et ce fut de la stupeur, dans ce peuple romain qui, moins que tout autre, est capable de vivre sans cérémonies religieuses.

Partout, le culte cessa ; les églises fermées ne s'ouvraient qu'à la dérobée, pour un nouveau-né ou pour un mort, qu'elles bénissaient sans aucune pompe et comme à regret; les cloches, muettes, dormaient d'un lourd sommeil dans leurs chambres de pierre. Une morne tristesse planait sur la population désorientée.

Bientôt nul n'y tint plus ; les sénateurs eux-mêmes, ennemis du gouvernement pontifical, mais pressés par le clergé et par le peuple, allèrent se prosterner aux pieds du pontife, implorant leur pardon et s'en remettant à sa miséricorde.

Sur le livre des Evangiles, ils firent serment de chasser de Rome Arnaud de Brescia et ses partisans fanatiques, après les avoir suppliés toutefois, auparavant, de se réconcilier avec le pape.

Le pape accepta et leva l'interdit. On était au mercredi-saint.

Rome entière éclata en transports d'allégresse ; on eut dit que tout un peuple sortait du tombeau pour une résurrection joyeuse.

Dans les églises, ouvertes de nouveau, la foule se précipitait et roulait à grands flots, allant implorer le pardon de ses péchés et se préparer à la grande fête de Pâques.[1]

Ce n'était pas le pape qui était le moins heureux de tous.

Depuis son élection, il n'avait pas encore pu prendre possession du palais patriarcal de Latran ; les troubles étaient tels, en effet, que, par prudence, il avait dû se tenir renfermé dans la cité Léonine.[2]

Il en sortit, ce jour-là, en triomphe, accompagné des cardinaux, des évêques, des seigneurs, des barons, et, à travers les flots pressés du peuple, au milieu des transports et des chants d'allégresse, s'en fut à la basilique Constantinienne du Sauveur, au Latran, célébrer les mystères du vendredi-saint et de Pâques.

C'était la paix, mais non pour longtemps.

Guillaume-le-Mauvais, roi de Sicile, se mit en campagne pour spolier à main armée les biens de l'Eglise et fouler aux pieds tous ses droits.

Fils dénaturé, vassal insolent en révolte contre l'Eglise

(1) Otto de Frising. *Vie de Frédéric.*

(2) On appelait ainsi la partie fortifiée qui entourait la basilique de Saint-Pierre et le Vatican.

Romaine, sa légitime suzeraine, sans autre raison que son ambition, sa turbulence et son avidité, il lança ses soldats contre les territoires pontificaux.

Après avoir incendié les faubourgs de Bénévent qu'il n'avait pu prendre, il prit d'assaut les châteaux de la Campanie, en détruisit les villes, en saccagea les campagnes, semant partout le désastre et l'incendie.

Adrien, devant ces excès, frappa d'excommunication le tyran stupide et féroce.[1]

C'était au milieu de ces événements divers, que l'empereur Frédéric Barberousse arrivait aux portes de la ville éternelle.

Le pape venait de partir pour Viterbe. Dès qu'il apprit que le roi de Germanie arrivait vers Rome, plutôt en insolent triomphateur qu'en prince pacifique, il réunit les cardinaux pour délibérer sur ces graves conjonctures.

Il fut décidé qu'on enverrait une ambassade au roi de Germanie, et les cardinaux Jacques, Gérard et Grégoire furent choisis à cet effet.

Ils partirent et rencontrèrent Frédéric à San-Quinico, sur les frontières de la Toscane.

Reçus avec honneur, ils présentèrent au roi de Germanie les lettres apostoliques dans lesquelles Adrien demandait, entre autres choses, comme gage immédiat de concorde, que l'agitateur Arnaud de Brescia lui fût livré aussitôt.

Arnaud, en effet, s'était réfugié auprès de Frédéric, après s'être enfui des mains du cardinal de Saint-Nicolas, seigneur de la petite ville d'Otricoli, sur les bords du Tibre.

Aussitôt, Frédéric ordonna qu'on se saisît d'Arnaud et qu'on l'amenât en sa présence.

Sur-le-champ, il le remit entre les mains des cardinaux

(1) *Acta Adriani. Sum. Pont.* Ann. 1155.

qui l'envoyèrent, sous bonne garde, au pape. Le pape, à son tour, l'envoya au préfet de Rome qui condamna l'agitateur au supplice du feu. Arnaud fut brûlé vif, et ses cendres furent jetées dans le Tibre afin que ses partisans n'en fissent pas un martyr.

Cependant, sa secte fut loin d'expirer avec lui.

En même temps que le pape envoyait des ambassadeurs à Frédéric, celui-ci, de son côté, en envoyait au pontife.

Les deux archevêques de Cologne et de Ravenne avaient pour mission de régler avec Adrien et la Curie Romaine les préliminaires du couronnement et ceux de la cérémonie.

Aux légats du pontife, Barberousse répondit :

— Je ne puis rien conclure avec vous avant que mes propres ambassadeurs soient de retour ; veuillez donc les attendre.

De son côté, Adrien avait répondu aux deux archevêques :

— J'ai envoyé trois légats au roi de Germanie ; tant qu'ils ne seront pas revenus, je ne pourrai traiter avec vous sur les questions qui vous amènent.

Et, ne se trouvant pas en sûreté suffisante à Viterbe, Adrien courut s'enfermer dans l'inexpugnable citadelle de Castellana, afin d'être en état de déjouer tout mauvais dessein possible de la part du nouveau candidat à l'Empire.

Etonnés, les deux archevêques protestèrent des bonnes intentions du roi envers le Pape et l'Eglise Romaine, et ne se lassèrent pas de répéter à Adrien l'objet pacifique de leur mission en le priant de leur répondre au plus tôt.

Mais Adrien répondit obstinément :

— Cessez des instances inutiles ; je ne vous rendrai pas réponse avant que ne soient revenus les cardinaux, mes frères, que j'ai envoyés auprès du roi.

Les deux archevêques, qui avaient suivi le pape dans la forteresse de Castellana, résolurent alors de prendre congé de lui et, en effet, ils partirent pour aller rendre compte de leur insuccès au roi de Germanie.

Pendant ce temps-là, les trois cardinaux pressaient le roi de leur donner réponse au plus vite, protestant des bonnes intentions du pape.

Mais Frédéric répondit invariablement :

— Cessez vos instances ; tant que ne seront pas revenus les deux archevêques, mes envoyés, je ne vous donnerai aucune réponse.

Alors, les trois cardinaux résolurent de prendre congé du roi et de retourner rendre compte au pape de l'insuccès de leur mission. Et ils partirent.

Comme ils prirent la même route, ils se rencontrèrent, s'abordèrent et se confièrent mutuellement leur insuccès.

— Avisons au mieux et tenons conseil sur ce que nous devons faire en ces conjonctures, se dirent-ils.

Ils tinrent conseil, en effet, et, d'un commun avis, résolurent d'aller trouver ensemble le roi de Germanie.

IV

LA COURONNE IMPÉRIALE.

Pendant que les cinq prélats étaient en route pour
Viterbe où se trouvait en ce moment-là le camp de Frédéric,
un ennemi du pontife, faisant cause commune avec les
schismatiques et les séditieux, les avait devancés et se flattait
d'exciter contre le pape l'esprit du roi de Germanie.

C'était Octavien, cardinal-prêtre du titre de Sainte-Cécile,
que le pape Adrien, connaissant ses desseins hostiles, avait
écarté de sa cour.

Quand les légats du pape arrivèrent, ils trouvèrent
Octavien déjà occupé à verser le poison de ses discours devant
le roi.[1]

Les cardinaux le connaissaient bien. Issu, comme son
nom l'indique, d'une des plus nobles familles romaines, il
était comme une seconde incarnation d'un de ses ascendants,
nommé Ptolémée, qui, un demi-siècle auparavant, s'était
mis à la tête de toutes les factions romaines et avait embrassé
le parti de l'étranger contre les intérêts mêmes de sa patrie.

En ne perdant pas une occasion de troubler la curie pontificale et de trahir le pontife, Octavien avait un but : c'était

------

(1) *Actes du Souv. Pont. Adrien.* Ann. 1155.

de devenir pape lui-même et, pour cela, il venait s'entendre avec César.

Les cardinaux lancèrent à leur indigne collègue un regard foudroyant.

— Nous ne discuterons pas avec vous, lui dirent-ils, ce serait faire trop d'honneur à une ambition pour laquelle rien n'a jamais été, ni ne sera jamais sacré. Le seigneur roi vient à Rome pour recevoir du seigneur apostolique la couronne impériale, il ne saurait la tenir d'un autre que du légitime et apostolique pontife Adrien. Dieu veut l'accord des deux puissances spirituelle et temporelle; qui donc osera empêcher l'œuvre de Dieu de s'accomplir?

Octavien se tut, car le roi Frédéric semblait approuver les paroles des légats.

Aussitôt, fut réunie une cour plénière immense où prirent place les barons, les prélats et les chefs de l'armée.

Au nom du roi, sur le livre des Evangiles et sur la Croix, un noble chevalier jura solennellement de respecter la vie du pape et des cardinaux, ses collègues, de sauvegarder les biens de l'Eglise et de les revendiquer même, au besoin, contre tout usurpateur.

Satisfaits, les légats partirent informer Adrien de cet heureux résultat.

A cette nouvelle, tout soupçon s'évanouit dans l'esprit du pontife, qui se déclara prêt à couronner Frédéric, et une entrevue fut décidée, à Népi, entre le pape et le roi.

Au jour dit, au milieu d'une grande affluence, Adrien se rendit au camp.

Des yeux, il chercha le roi, qui, selon l'antique cérémonial, devait venir au devant du pontife tenir la bride de son cheval et l'étrier pour l'aider à descendre de sa monture.

Le roi de Germanie, se refusant à cet hommage, était resté dans sa tente.

A cette vue, les cardinaux, tenant cet acte pour un sinistre présage, et saisis de frayeur, s'enfuirent l'un après l'autre dans la forteresse de Castellana, laissant seul le pape aussi alarmé qu'eux-mêmes, mais, du moins, brave et digne malgré tout.

Adrien descendit de cheval et, entrant dans la tente royale, alla s'asseoir sur le siège qui lui avait été préparé.

Frédéric, alors, se prosterne devant lui et baise sa mule, puis il se relève, et tend les bras au pontife, pour l'embrasser en signe de paix.

Calme, le pontife l'arrête et lui dit :

— Puisque vous m'avez privé d'un honneur qui m'est dû, selon l'usage antique, et que vos prédécesseurs, les empereurs orthodoxes, par respect pour les saints apôtres Pierre et Paul, n'ont cessé de rendre à mes prédécesseurs les pontifes de Rome, je ne vous admets pas au baiser de paix que vous ne m'ayez donné satisfaction.

Etonné, le roi de Germanie regarde le pape, fronce les sourcils et répond sur un ton contenu :

— C'est là un hommage auquel je ne suis pas tenu.

Le pape se tait et un grand malaise plane sur toute l'assemblée; on sent qu'un orage est dans l'air et qu'un rien peut faire tourner la scène au tragique.

Cependant, chacun reste sur ses positions, et deux jours se passent ainsi en pourparlers stériles.

Enfin, on prend pour arbitres les barons les plus âgés, ceux même qui, naguère, avaient accompagné Lothaire, lorsqu'il alla trouver Innocent II à la conférence de Liège, dont on compulse les relations.

Il en ressort que l'hommage réclamé par le pape est reconnu légitime et dû par le roi; toute la cour se range bientôt à cet avis, Frédéric lui-même s'y rend, on dispose la scène, devant tout le camp, le roi de Germanie s'avance au devant du pontife, saisit d'une main ferme la bride et l'étrier de son cheval et l'aide à descendre de sa monture.[1]

Le pape mit pied à terre et admit aussitôt le roi au baiser de paix.

Peu de jours après, arriva au camp une députation de romains, envoyés par les sénateurs et les partisans d'Arnaud de Brescia pour tenir au futur empereur un discours plein d'embûches et de sous-entendus perfides, auquel Frédéric répondit avec un calme et une hauteur qui les déconcerta, mais sans, toutefois, avoir bien compris ce que cachait leur langage amphigourique.

Comme il le consultait à ce sujet, le pape répondit :

(1) Beaucoup d'historiens laïques se sont répandus en considérations amères sur ce qu'ils appellent « l'incroyable orgueil des papes » et ont plaint de tout leur cœur de bonnes gens, les « pauvres » empereurs obligés de s'humilier à ce point. Assurément, si l'on regarde la chose au point de vue du formalisme pur, on pourrait taxer les papes de prétentions outrées. Mais la question est tout autre. En créant le saint Empire romain d'Occident, la papauté a voulu établir une théocratie, basée, comme toute vraie théocratie, non seulement sur le principe de la séparation des pouvoirs, mais sur le principe de la dépendance absolue du pouvoir civil en regard de l'autorité spirituelle. Un certain nombre de raisons ont empêché que cette idée géniale pût être effectivement réalisée. Nous ne pouvons les exposer ici, parce que leur exposition constituerait un véritable traité. Il y a, en effet, des raisons de principe et des raisons de fait. Si, depuis deux mille ans, partout où a pénétré victorieusement l'influence chrétienne, aucun gouvernement n'a pu se montrer dans sa forme radicale, monarchique, théocratique ou républicaine, c'est évidemment parce qu'il y a dans l'esprit de l'Evangile pur, un principe qui s'y oppose. Que le Christ en soit béni, le Christ sait le pourquoi de cette opposition. Voilà pour la raison de principe. Quant aux raisons de fait, l'une d'elles, et non la moindre, a été la puissance temporelle effective, dont les papes et les évêques se sont trouvés revêtus par la force même des choses. En descendant ainsi sur le terrain des compétitions avec les princes de la terre, leur autorité spirituelle souffre d'autant plus que ceux-ci, par leur caractère même de chrétiens, avaient un certain succès, comme tout chrétien, dans le domaine spirituel. Car, le Christ est venu libérer les âmes par la connaissance de la vérité, comme il l'a dit lui-même. (Jean, VIII, 32.) Là est la clef de la plupart des problèmes historiques de la civilisation chrétienne. Seulement, les hommes égoïstes et peu sages qui chantent la liberté par les révolutions de leurs temps respectifs, n'ont jamais oublié qu'une chose : c'est que la racine vraie de la vraie liberté est sur le Calvaire, au pied de la Croix.

— Vous aurez l'occasion, mon fils, de mieux connaître leur duplicité; l'expérience vous apprendra que la ruse les a conduits ici et ramenés à Rome; mais, comptons sur le miséricordieux secours de celui qui disait : « Je prendrai les astucieux dans leurs propres filets. » Espérons qu'il vous sera donné de prévenir leurs embûches.

« Envoyez de suite une troupe choisie de jeunes et braves guerriers pour occuper la basilique de Saint-Pierre et les points fortifiés de la cité Léonine. Là sont nos chevaliers qui s'empresseront de les admettre, sachant qu'ils viennent de notre part; adjoignez à cette troupe le cardinal Octavien, qui descend d'une des plus nobles familles de Rome et vous est entièrement dévoué. »

La nuit même, mille cavaliers partaient, et, armés de toutes pièces, prenaient possession au petit jour, de la basilique vaticane dont ils occupèrent jusqu'aux vestibules et aux degrés.

Le pape et le roi marchèrent alors vers Rome, et, devant les sentiments manifestement hostiles du peuple, il fut résolu que les troupes de Frédéric occuperaient la cité Léonine, ce qui fut fait sans retard.

Aussitôt, on s'occupa des préparatifs de la cérémonie du couronnement.

Revêtu d'habits magnifiques, le roi de Germanie, après avoir juré au pape pleine sécurité, franchit les portes d'argent de la basilique, entra et reçut l'onction devant la confession de Saint-Pierre, puis la messe fut chantée, pendant laquelle le pontife lui remit le glaive, le sceptre et la couronne.

Aussitôt, comme un roulement de tonnerre, retentirent les acclamations des Teutons qui, gagnant de proche en proche, trouvèrent de puissants échos sur les flancs de la colline et dans toute la cité Léonine.

Le peuple romain, hostile, se tenait en armes au môle

d'Adrien;[1] en entendant ces acclamations, il feint de les prendre pour un cri de guerre, se précipite et engage contre les allemands une sanglante bataille.

Les allemands vainqueurs en tuent un grand nombre et font beaucoup de prisonniers que, sur la prière du pape, Frédéric consent à délivrer.

Le nouvel empereur, tout d'abord dévoué au pape, soutint ses intérêts en Italie, puis s'en retourna en Allemagne.

Il allait bientôt tout oublier de ses engagements et se livrer, comme ses prédécesseurs, à tous les excès du césarisme.

(1) Le château Saint-Ange actuel.

V

A peine rentré dans ses états, Frédéric Barberousse commença par répudier sa femme, sous prétexte de consanguinité, et en épousa une autre.

Ce scandale fut immédiatement une cause de troubles et de divisions. Un schisme allait en résulter.

Sur ces entrefaites, le pape conclut un traité avec Guillaume de Sicile, et Frédéric, qui avait fondé sur leurs dissentiements des espérances de conquêtes, en fut irrité. L'Italie, qu'il rêvait d'adjoindre à son empire, lui échappait.

Aussitôt, il manifesta son ressentiment en interdisant aux évêques de ses États et à tous les clercs, d'avoir désormais aucune communication avec Rome et le pontife.

Bien plus, il alla jusqu'à interdire le passage, à travers son empire, à tous les étrangers obligés de passer sur son territoire pour aller à Rome.

Il ne pouvait s'arrêter en si beau chemin, et ce qui devait arriver, arriva; il édicta le retour absolu des investitures ecclésiastiques au pouvoir temporel et décréta qu'à l'exemple des empereurs, ses prédécesseurs, c'était de lui que les évêques et les abbés tiendraient leur double prérogative, temporelle et spirituelle.

D'un trait, il anéantissait toute l'œuvre spirituelle et si laborieuse de Grégoire VII et de ses successeurs, et les conventions et les serments de ses prédécesseurs et de lui-même, rouvrant ainsi l'ère violente des convulsions politico-religieuses de l'Empire et de la Papauté.

Comme toujours, le clergé se divisa en deux camps : celui du pape et celui de César.

Adrien IV envoie des légats, porteurs d'une parole ferme et douce à la fois.

L'un d'eux est retenu en prison. Le César ne dissimule pas que ce qui l'irrite surtout, c'est l'affirmation que le prince a reçu du Pontife Romain la plénitude de sa puissance avec la couronne. Ce qui nourrit sa colère, ce sont les monuments et les peintures qu'il a vus à Rome, et que la postérité verra, et par lesquels les empereurs sont représentés comme les hommes-liges du Pontife Romain.

Un cardinal, dans un colloque, prononce cette phrase :

— De qui le roi tient-il l'Empire, sinon du pape notre seigneur à tous?

Aussitôt, le comte Otton de Bavière dégaîne et, le glaive nu, s'avance, menaçant, contre le prélat sans défense.

Barberousse, enfin, pour couper court à tout, ordonne aux légats de repartir dès le lendemain pour Rome, avec défense expresse de s'écarter en quoi que ce soit de la route directe, et de s'arrêter dans aucune abbaye ou aucun évêché.

Puis, dans tout le royaume, Frédéric envoie une circulaire pour faire lui-même l'apologie de ses actes.

Il y expose que tout pouvoir venant de Dieu seul, par le fait que le destin l'a fait roi, il ne tient rien que de Dieu seul. Il dénonce ce qu'il appelle la fourberie du pontificat qui se prétend le dispensateur du pouvoir; il accuse la curie ponti-ficale d'être affamée, non de paix et de justice, mais d'or. A l'entendre, les légats ne sont venus en Germanie que pour enlever aux églises tous les trésors qu'elles possèdent, et jusqu'aux « lames d'or et d'argent dont les croix sont revêtues. »

Enfin, il termine par cette phrase :

« Il est constant et sûr que notre empire et notre royauté viennent de Dieu seul, par l'élection des princes ; que le monde doit être gouverné par les deux glaives qui figurent dans la Passion de Jésus-Christ son Fils ; que l'apôtre Pierre a formulé cette doctrine : « Craignez Dieu, honorez le roi.[1] » Quiconque, dès lors, osera dire que la couronne impériale nous est donnée par le pape à titre de bénéfice, est convaincu de s'insurger contre la divine institution et de commettre un flagrant mensonge.[2] »

Était-ce là de la véritable mauvaise foi? Dans ce malheureux Empire d'Occident, est-ce que, depuis Charlemagne, la paix avait jamais régné entre les papes et les empereurs? Ces derniers avaient-ils jamais compris leurs devoirs et même leur raison d'être, l'origine, la raison et le but supérieurs de leur dignité?

(1) S. Pierre. I. Ep. ii, 17.

(2) Nous répéterons ici ce que nous avons déjà dit maintes fois au sujet des conflits entre les papes et les empereurs, et afin que nul doute ne reste dans l'esprit du lecteur sur le fond de la question qui, du reste, est clair pour tout esprit qui réfléchit. Il y avait une différence radicale entre un roi ordinaire et un empereur d'Occident. Un roi ordinaire, un gouvernement terrestre quelconque, ne tient, en effet, ses pouvoirs que de Dieu ; il ne les tient nullement du pape, il n'y a aucun doute là-dessus. Comme roi de Germanie, Frédéric était, de droit, indépendant du pape ; mais, comme empereur d'Occident, par le fait qu'il recevait un titre et un pouvoir d'origine et de création papales, qu'il les recevait notoirement, dans le but connu, d'établir un accord constant entre le Sacerdoce et l'Empire, pour la paix du monde chrétien, et qu'il recevait cette dignité en consentant, avec serment, à accepter tous les devoirs et toutes les charges, y compris surtout, l'obéissance absolue à l'autorité spirituelle, dont le pouvoir temporel n'est ici que l'Exécutif, Frédéric, comme les autres empereurs depuis Charlemagne, devait être, en conscience, le serviteur obéissant de la Papauté.

La charge d'empereur d'Occident était une fonction dans l'organisme chrétien, une fonction radicalement dépendante de la Papauté, conscience libre de cet organisme.

Ainsi, de nos jours, en France, une organisation analogue fonctionne sur un plan

Ils tenaient chacun une des brides de la haquenée pontificale. (P. 61.)

Véritables barbares, incapables d'un pareil effort mental, l'égoïsme et l'ambition étaient les seules voies qu'ils connûssent et pratiquâssent et, pour y entrer et s'y maintenir, comme des hommes encore voisins de l'animalité dont les vues sont courtes, parce qu'elles ne sont guère qu'instinctives, ils n'ont jamais bien compris le fonds même de leur rôle. Ballotés sur les vagues mouvantes de toutes les passions humaines, ils n'ont pas compris que, dans la tempête, il doit y avoir accord entre le grand mât du navire et le gouvernail.

Quoiqu'il en soit, le pape, de nouveau protesta, et en appela à l'Episcopat de Germanie en lui exprimant l'espoir que son influence ramènerait l'empereur à de meilleurs sentiments et à des idées plus saines.

Mais, courbé sous la verge omnipotente de César, l'épiscopat d'Allemagne fit au pontife une de ses réponses fleuries qui n'engagent personne, en laissant finalement au pape le soin de se tirer d'affaire tout seul.

Pendant ce temps-là, Barberousse faisait des armements formidables, et se préparait à envahir la Lombardie malgré les représentations pleines d'alarmes du pape Adrien.

Mais le pape n'est pas écouté; ses légats sont maltraités et jetés dans les fers; la Lombardie est envahie, Milan est réduite à l'extrémité par la famine, et le pays tout entier est sous le joug teutonique.

différent. Le Président de la République n'est que *l'exécutif* des volontés du pays, exprimées par les Chambres. Si le Président de la République s'avisait d'avoir une volonté opposée à celle des Chambres et de faire du Césarisme, ce serait, dans toute la République, un éclat de rire universel, et on lui apprendrait — en le renvoyant à ses chères études — qu'entre un fonctionnaire et un matamore, il y a l'abîme tout entier d'une Constitution.

Les empereurs d'Occident étaient des créatures et des fonctionnaires de la Papauté, ne nous lassons pas de le répéter, et cela, en vertu d'une véritable Constitution, celle de la théocratie chrétienne élaborée par Léon III et Charlemagne. L'histoire nous montre que cette Constitution n'a jamais pu fonctionner; constatons-le seulement, sans en exposer les raisons, ce qui nous mènerait hors cadre.

Là encore, le César germanique prétend régir l'Eglise, et Adrien a toutes les peines du monde à sauver le principe de l'autorité spirituelle des pontifes romains.

Il avait gravi le calvaire si douloureusement pressenti par lui-même lors de son élection à la chaire de Saint-Pierre, et maintenant il était au point culminant de la colline de ses douleurs.

Patient et bon, il n'avait point lancé l'excommunication contre son infidèle mandataire. Au milieu de tous ces troubles, il mourut[1] le 1er septembre 1159, dans sa résidence d'Agnani, et vint à Rome dormir son dernier sommeil, sous les dalles de la basilique Vaticane, à côté du pape Eugène III, qui avait souffert les mêmes douleurs que lui, mais, du moins, avait eu la consolation d'entendre la voix féconde de son père spirituel, l'illustre et saint Bernard de Clairvaux.

(1) D'une angine, dit Guillaume de Tyr.

VI

Les conjonctures n'étaient pas favorables à une élection pontificale.

Trois cardinaux étaient prisonniers du César germanique, retenus au mépris du droit des gens et des immunités ecclésiastiques.

A peine a-t-il appris le décès d'Adrien IV, que Frédéric met ses prisonniers en liberté et les invite à aller prendre part à l'élection.

Cette générosité n'était qu'apparente. Barberousse avait un candidat césarien; c'était le cardinal Octavien, et il n'épargna rien pour lui préparer des suffrages.

Il écrit même à l'empereur de Byzance, pour lui dépeindre l'état de division de l'Eglise Romaine et lui annoncer que, par ses soins, il espère faire cesser ce mal, les cardinaux lui ayant fait la promesse, moyennant la mise en liberté de leurs frères captifs, de nommer un pontife susceptible de rétablir l'ordre pour le bien commun.

C'était dire que son candidat avait toutes les chances d'être élu; car, ce qu'il appelait les intérêts du monde catholique, c'était l'acceptation du Césarisme par l'Eglise sous un pape qui se courberait devant César.

Comme de tant d'autres, avant et après lui, le Saint-Esprit devait déjouer ses calculs.

Les cardinaux, réunis, nommèrent, à l'unanimité, le cardinal Roland, qu'ils proclamèrent pape sous le nom d'Alexandre III.

Natif de Sienne, Roland appartenait à la famille Paperoni, et son père, Rainucci, avait, de bonne heure, développé les bonnes qualités de son fils.

D'abord chanoine à Pise et aimé de tout le monde pour ses talents et ses vertus, le pape Eugène III l'avait distingué et nommé chanoine de Latran, puis cardinal-diacre du titre des Saints-Come et Damien, puis cardinal-prêtre du titre de Saint-Marc et, enfin, chancelier du siège Apostolique.[1]

Le peuple et le clergé de Rome ratifièrent l'élection. Seuls, trois cardinaux lui avaient refusé leurs voix; c'était Octavien du titre de Sainte-Cécile, Jean, du titre de Saint-Martin et Gui du titre de Saint-Calliste.

Pendant que les cardinaux plaçaient la chape de pourpre sur les épaules d'Alexandre III qui faisait tous ses efforts pour se dérober à cet onéreux honneur, Jean et Gui, élevant la voix, proclamaient pape Octavien sous le nom de Victor IV.

Aussitôt, Octavien se précipite sur Alexandre et veut s'emparer de la chape rouge pour la mettre sur ses propres épaules.

Une lutte s'engage et un sénateur arrache la pourpre des mains du ravisseur.

Celui-ci, cependant, qui avait tout prévu, ordonne à son chapelain de lui donner le manteau qu'il avait apporté au cas où l'élection tournerait contre ses desseins.

Au milieu des gémissements et des cris que provoquait

(1) *Codex Vaticanus. Act. d'Alex.*, III, 1159.

un pareil scandale, le chapelain, dans son trouble, met à
l'intrus le manteau à l'envers, de sorte que les agrafes de
la chape se trouvent sur son dos au lieu d'être sur sa
poitrine.

A ce spectacle grotesque, des éclats de rire se font
entendre, et Octavien, lui-même troublé, en voulant réparer
l'erreur, l'aggrave et s'entortille si ridiculement avec les plis
de l'étoffe, que des huées générales éclatent de toutes parts.

Mais, soudain, un tumulte se fait au dehors, on entend
de furieuses clameurs. Les portes de la basilique s'ouvrent,
enfoncées, et des sicaires aux gages de l'intrus accourent
pour lui faire un odieux cortège.

Les cardinaux s'enfuient et vont se renfermer avec
Alexandre, leur élu, dans la forteresse voisine de l'église;
pendant neuf jours, Octavien les y tient assiégés avec la
complicité de quelques sénateurs vendus à sa cause.

Cependant, le peuple romain se soulève et s'agite ;
l'émeute gronde de toutes parts contre les magistrats traîtres
à leur devoir.

Inquiet, Octavien transfère les prisonniers dans une
autre forteresse; mais Rome tout entière est en armes,
poursuivant de ses malédictions l'intrus et ses complices.

Trois jours se passent ainsi. Pendant ce temps-là,
Hector Frangipane, l'un des chefs de la noblesse romaine,
donne une direction à l'émeute populaire : la foule court à la
forteresse où gémissent les captifs, et somme les sénateurs
félons de délivrer le pape légitimement élu.

Les lâches ont peur; les portes s'ouvrent, et le pontife
apparait, entouré de ses frères les cardinaux.

Aussitôt, un ouragan d'acclamations retentit; l'immense
foule ouvre ses rangs, et, dans le chant des cantiques mêlé
aux joyeuses volées des cloches de la ville éternelle, un
cortège triomphal conduit le vrai pontife dans une résidence
sûre.

Le lendemain, le pape sort de Rome et arrive bientôt en sûreté à Ninfa, près de Veletri où, devant tous les ordres de la noblesse et du clergé réunis, a lieu en grande pompe la cérémonie accoutumée du sacre.

Pendant ce temps-là, l'intrus Octavien, maître de la basilique de Saint-Pierre, s'y morfond comme dans un désert, entre deux cardinaux qui, n'ayant que le caractère sacerdotal, ne pouvaient le sacrer.

Il fallait trois évêques, au moins, pour cette cérémonie. Octavien, grâce à ses richesses, à sa naissance et à ses intrigues ne désespérait pas de les trouver.

Il les trouva, en effet, et, le dimanche 4 octobre 1159, malgré le sacre du pape légitime, qui avait eu lieu le 20 septembre, l'intrus fut sacré pontife, près de Rome, dans le couvent de Targa.

Nul ne pouvait douter, cependant, que le seul et unique pape légitime fut Alexandre III.

Pendant que ce dernier se hâtait de donner connaissance de son élection au monde catholique, Octavien, de son côté, lançait une encylique dans le même sens, et les cardinaux schismatiques, ses complices, rédigent une circulaire dans laquelle tous les faits sont dénaturés d'une façon odieuse.

Frédéric Barberousse, d'autre part, malgré le soin qu'à pris le sacré-collège de rétablir les faits dans leur intégrité, et quoi qu'il sût fort bien à quoi s'en tenir, feint hypocritement d'ignorer de quel côté se trouve le droit ; il parle de réunir un concile par sa propre initiative comme l'avaient fait jadis les empereurs Théodose, Justinien et Charlemagne, et il y convoque déjà les deux partis.

Ainsi César s'arroge le titre usurpé d'arbitre entre un pape légitime et un intrus. Bien plus, tandis qu'il refuse, dans sa lettre d'invitation, le titre et le nom pontificaux au légitime pape, l'appelant insolemment « le chancelier Roland, » au contraire, il écrit à Octavien en lui donnant ces mêmes titres odieusement usurpés.

Mais Octavien n'était qu'un ambitieux vulgaire pour qui le pouvoir temporel était tout, tandis qu'Alexandre III, pontife véritable par le droit et par le caractère allait, dès le début, se montrer un grand pape.

Alexandre est à Agnani, au milieu des cardinaux, lorsque deux évêques césariens, ambassadeurs du tyran teuton, arrivent avec leur message scellé de la bulle d'or.

Introduits, ils s'asseyent insolents, parmi les cardinaux, sans plus se préoccuper du pontife que s'il n'existait pas, et présentent la lettre où on lit cette phrase orgueilleuse et impie :

« Nous vous ordonnons et vous mandons, à vous chancelier Roland, et aux autres cardinaux, au nom du Dieu tout-puissant et de toute l'Eglise catholique, de venir à notre cour pour entendre son jugement et vous y soumettre. Si telle est votre intention, les deux vénérables évêques, nos délégués, vous faciliteront ce voyage, ainsi que le comte Palatin notre parent. Si vous refusez, Dieu jugera.

» Pour nous, avec le secours de sa grâce, nous assurerons, comme il convient à notre dignité, l'exécution de la sentence. »

Les cardinaux, un instant terrifiés, se taisent tout d'abord ; enfin, ils discutent et bientôt ils déclarent qu'ils n'abandonneront ni leur devoir ni leur chef.

Alexandre, alors, se lève ; ce n'est pas le chancelier, c'est bien le pape légitime qui va parler et parler en pape.

« Le souverain pontife existe, et c'est lui, comment l'empereur a-t-il pu l'oublier ou le méconnaître un instant ? Comment a-t-il pu oser indiquer un concile sans son consentement, sans l'en avoir instruit, et mettre ce comble à son audace, de le citer à ce concile, lui pape, comme s'il était sous la dépendance de César !

» L'Eglise romaine est mère et juge de toutes les églises et ne peut être jugée par personne. Ce privilège traditionnel, concédé à Pierre, est digne du sang du Christ et de celui de tous les martyrs.

» L'empereur est le protecteur de l'Eglise de qui il tient sa couronne, l'Eglise l'honorera comme il doit l'être, s'il remplit fidèlement les fonctions de sa charge, mais le pontife romain ne saurait comparaître devant César, parce que l'Eglise dont il est le chef, a été rendue libre à jamais par le sang du Christ qui l'a rachetée pour toujours de toute servitude.

» Comme ses pères, les martyrs, Alexandre donnera son sang s'il le faut, mais le pontife restera libre dans l'Eglise libre ! »

A cette noble et énergique déclaration, les envoyés de César ne répondirent rien et s'en furent, éblouis par la grandeur d'un pareil caractère; ils allèrent trouver Octavien à sa résidence de Pegni, pour lui prodiguer autant d'adulations qu'ils avaient prodigué d'insolences au légitime pontife.

Enivré de cette vaine fumée, l'antipape se croyait sûr du triomphe. Tous les présages n'étaient-ils pas pour lui, et jusqu'à cette prophétie du feu pape Adrien, faite en un temps où, déjà, Octavien lui disputait la tiare :

— « Tu ne l'auras pas maintenant, fils ingrat et maudit; hélas! tu ne l'auras que trop dans la suite, pour le malheur de l'Eglise et pour le tien, surtout! »

Il ne s'agissait plus pour lui, que de faire mentir à son endroit la partie menaçante de cette prophétie, et d'être heureux.

Barberousse se flattait d'entraîner dans son parti les peuples et les rois de l'Europe.

Il se trompait, ni les rois, ni les peuples, pas même le roi d'Angleterre, ne se rangèrent de son côté, et, de toutes parts, arrivèrent au légitime pontife Alexandre des protestations de dévouement et d'amour.

Le concile annoncé eut lieu cependant à Pavie, ouvert et présidé par le césar germanique. Octavien s'y rendit, mais Alexandre III se garda d'y paraître, pas plus que les membres du sacré-collège.

Comme on pouvait s'y attendre, Barberousse y proclama Victor IV et condamna Alexandre III.

Les évêques césariens confirmèrent la sentence qui consommait le schisme, et l'intrus reçut tous les honneurs dus au légitime successeur de Saint-Pierre.

Alors, usant de la plénitude de son droit pontifical et apostolique, Alexandre III fulmina l'anathème contre l'empereur, l'antipape et leurs complices et délia les sujets de l'empire de tout serment de fidélité à leur tyrannique maître.

Mais bientôt, dénué de tout secours humain, le vaillant pontife est obligé d'abandonner Rome et l'Italie infestées par les teutons.

Comme tant d'autres de ses prédécesseurs, il prend le chemin de l'exil, et comme eux, vient demander asile au sol hospitalier et catholique de la France.

VII

L'ARCHEVÊQUE DE CANTORBÉRY.

Le siège primatial anglais de Cantorbéry était veuf de son pasteur.

Après vingt-deux ans de pontificat, le vénérable archevêque Théobald était mort après avoir rendu de grands services à sa patrie, affermi et même élevé le trône des Plantagenet.

L'archidiacre de Cantorbéry, chancelier d'Angleterre, Thomas Becket, alors âgé de quarante-deux ans, était désigné par la voix publique comme le naturel successeur de Théobald.

Thomas était alors à Falaise. Un message du roi d'Angleterre arriva, lui ordonnant de revenir pour être archevêque de Cantorbéry.

Un ironique sourire passa sur les lèvres de l'archidiacre; il regarda ses vêtements mondains et magnifiques et dit à ceux qui, déjà, le félicitaient :

— Je connais au moins quatre pauvres prêtres qui méritent bien mieux que moi cet honneur.

— Nul ne mérite cet honneur plus que vous, messire, répondirent les flatteurs.

— Bon! poursuivit Thomas, avouez que je n'ai guère l'apparence d'un évêque. Est-ce que, sérieusement, le roi aurait l'intention de m'élever à cette sublime et redoutable charge? Non, car il me serait impossible de remplir les devoirs qu'elle comporte et de conserver la confiance dont m'honore mon royal bienfaiteur.

En attendant, Thomas écrivit au roi une lettre dans laquelle se trouvaient ces paroles pleines d'un sens prophétique qui ne devait que trop tôt se réaliser :

« J'ai la pleine certitude que si votre choix est suivi d'effet, par une permission divine, vous me retirerez avant peu vos bonnes grâces, et cette amitié si grande qui règne entre nous se changera en une haine implacable. Je connais vos dispositions; vous prendrez de nouveau contre l'Eglise des mesures qu'il ne me sera pas permis de supporter, et les envieux ne manqueront pas d'envenimer la discorde. »

Mais le roi ne voulut rien entendre, et le cardinal-légat Henri de Pise ayant joint ses instances aux siennes, Thomas Becket fit voile pour l'Angleterre.

Il trouva les prélats et les moines de Cantorbéry réunis à Westminster, dans la chapelle royale, pour l'élection, et tous unanimement votèrent pour Thomas, aux applaudissements de la cour.

Une seule voix discordante se fit entendre.

Gilbert Foliot, évêque de Herefort et futur évêque de Londres, s'écria :

— Enfin! notre bon roi vient de faire un miracle : d'un soldat il a fait un prêtre, et d'un laïque un primat.

Tout le monde comprit que l'évêque de Herefort n'eut pas dédaigné de s'asseoir sur le siège de Cantorbéry et manifestait ainsi le dépit de sa déception.

Thomas, de son côté, ne douta pas qu'un jour viendrait où celui qui venait de parler se rangerait parmi ses ennemis.

On était au vendredi dans l'octave de la Pentecôte de l'an 1162.

Le lendemain, Thomas Becket qui n'était encore que diacre, fut ordonné prêtre par l'évêque de Rochester, et le jour même de l'octave, sacré par l'évêque de Winchester, dans une pompe inaccoutumée, au milieu des rangs pressés de toute la noblesse du royaume accourue, pour plaire au roi, dans l'antique église primatiale.

Dès le lendemain même de son sacre, Thomas se dépouilla complètement du vieil homme et apparut, aux yeux étonnés de tous, un homme tout à fait imprévu et nouveau.

C'était une véritable conversion.

L'archevêque abandonna tout à fait le luxe mondain du chancelier qui, jusqu'ici, avait ébloui et même éclaboussé tout le monde.

Jusqu'alors, tous les archevêques de Cantorbéry avaient été des moines ; Thomas prit l'habit monastique par respect pour la tradition de ce célèbre siège.

Désormais, au lieu de la suite brillante de cavaliers et de gentilshommes orgueilleux qui l'accompagnaient partout, il choisit un petit nombre de moines et de prêtres parmi ceux que recommandaient leur savoir et leur vertu.

Sa table somptueuse vit son luxe remplacé par la frugalité, et son mobilier même devint austère.

L'archevêque avait, en lui, étouffé le chancelier, à tel point que Thomas qui, maintenant, occupait tout son temps à se sanctifier, jugeait son ancienne charge incompatible avec sa nouvelle dignité et ne la conservait que pour le bien du royaume et par amitié pour le roi.

Toutefois, il aspirait ardemment à s'en démettre, jugeant que les engagements et les compromis qu'elle entraînait étaient incompatibles avec la rectitude de sa conscience.

Toute l'Eglise applaudit à un tel changement et presque

tous y voyaient un véritable coup de la grâce divine. Il n'y eut que quelques bas courtisans et de ces hommes qui ne croient pas à la sincérité de la vertu, pour dire :

— Messire Thomas Becket est le roi des malins! La comédie est habilement jouée, mais il y en a qui ne sont pas dupes et sauront être aussi fins que lui.

Ainsi parlaient les nombreux ennemis de l'archevêque, et, déjà, dans l'ombre, ils complotaient sa perte.

Cependant, les fourbes ennemis de Thomas se gardaient bien de rien faire paraître de leur animosité contre lui, d'autant plus que rien ne semblait changé dans les sentiments du roi à son égard.

Ils tâtaient le terrain et interrogeaient le vent, résolus à ne laisser échapper aucun moyen de nuire à leur victime et d'employer tour à tour les adulations et la calomnie en attendant que le temps de la violence soit arrivé.

Un an déjà avait passé, sans nuages apparents du côté du roi. Alors, parurent de ces indices légers de discordance auxquels les courtisans ne se trompent pas.

On jugea que l'influence de l'archevêque-chancelier sur les affaires publiques commençait à baisser.

C'était le moment d'entrer en campagne et d'envenimer de légers dissentiments au point de les changer en éclatantes dissensions.

Pour cela, chaque fois que les ennemis de Thomas Becket virent le roi en désaccord avec lui, ils se mirent à faire, avec une ruse infernale, le double panégyrique de l'archevêque et du chancelier, louant outre mesure la hauteur de ses vues, l'énergie de son caractère, la supériorité de ses talents.

L'effet attendu ne tarda pas à se produire. Le roi fut irrité d'entendre incessamment louer un homme qui différait souvent de vues avec lui ; son caractère soupçonneux s'aigrit de voir prôner sur tous les tons une politique qui ne cadrait pas avec la sienne, d'autant plus qu'on ne se priva pas d'insinuer que, bientôt, le trône serait sous le tutelle pure et simple de l'archevêque.

C'était déjà la calomnie qui essayait ses œuvres perfides. Elle allait, d'ailleurs, pouvoir se donner libre carrière, car l'archevêque de Cantorbéry, quittant pour quelque temps l'Angleterre, venait de s'embarquer pour la France, afin d'aller assister au concile de Tours.

Le pape Alexandre posa la première pierre de la splendide basilique
dont Maurice avait conçu le plan... (P. 63.)

VIII

Le pape Alexandre III était arrivé en France où le roi Louis VII avait reçu avec honneur le pontife exilé.

Débarqué à Maguelonne peu après la fête de Pâques de l'an 1162, il entra en grande pompe et sur une haquenée blanche dans la ville de Montpellier, où le comte de Montpellier et ses barons lui rendirent les plus grands hommages.

De Montpellier, le pontife vint à Clermont, capitale de l'Auvergne, au milieu des mêmes démonstrations de respect, tandis que l'empereur de Germanie, qui assistait de loin avec colère à cette marche triomphale, rêvait de faire prononcer la déchéance d'Alexandre par l'Eglise universelle et intriguait audacieusement auprès du roi de France pour le déterminer à se ranger à ses vues.

Pour cela, il avait projeté une conférence avec Louis VII qui, trompé, avait accepté.

Déjà, Frédéric était sur les bords de la Saône avec son armée, et le bourg de Saint-Jean-de-Losne était désigné pour l'entrevue.

Alexandre III, voyant le danger, avait essayé de détourner le roi de France de cette imprudence ; mais Louis VII, alléguant la parole donnée, avait fermé l'oreille à ces sages avertissements.

C'était au monastère de Souvigny, entre Bourbon-l'Archambault et Mouleris, que le pape et le roi s'étaient rencontrés.

Alexandre, ne pouvant convaincre le roi de France, consentit à se faire représenter à la conférence par cinq cardinaux, toutefois à la condition que son élection ne serait pas discutée, mais, au contraire, tenue comme ne faisant l'objet d'aucun doute quant à la validité.

Que voulait l'empereur? Le roi n'en savait rien, car Frédéric réservait pour le dernier moment ce qu'il avait à lui dire.

Quand Louis VII arriva à Saint-Jean-de-Losne, il ne trouva que les représentants de l'empereur, à la tête desquels était Raynald, archevêque intrus de Cologne, conseiller intime de Frédéric et principal fauteur du schisme.

Bientôt Louis VII s'aperçut qu'il était tombé dans un piège et que sa liberté même était en péril.

Il n'y eut plus de doute lorsque le chancelier de l'Empire dit ces paroles brutales dans lesquelles se révélait l'intime pensée du César germanique :

— L'empereur entend ne partager avec personne le droit de porter un jugement sur ce qui touche à l'Eglise Romaine, car elle ne relève que de son autorité impériale.

— Mais, alors, s'écria le roi, pourquoi suis-je ici? Quel est l'objet de cette conférence?

Il dit cela avec calme, en souriant, et s'adressant au comte de Champagne :

— Ai-je rempli mes engagements? dit-il.

— D'une manière parfaite, mon seigneur et mon roi, dit le comte.

Se tournant alors vers les assistants laïques et ecclésiastiques qui l'entouraient :

— Vous venez d'entendre, dit Louis VII, et vous voyez de quelle façon j'ai tenu ma parole. Vous semble-t-il que je sois libre désormais?

— Absolument libre, s'écrièrent-ils en chœur.

Le roi descendit alors sur la rive du fleuve et se lava les mains, puis, sautant à cheval, il se précipita dans la direction de son royaume, vainement poursuivi par les Teutons qui l'invitaient, sans succès, à revenir sur ses pas.

Le fourbe Barberousse, en attirant le roi de France hors de son royaume, espérait le faire tomber dans ce piège et l'obliger à se déclarer son vassal, ce qui eut entraîné le vasselage du roi d'Angleterre, vassal lui-même du roi de France. Il avait tenté la même perfidie envers Waldemar, roi de Danemark, qui ne s'était pas pris au piège grâce aux avis de l'évêque catholique Absalon, son meilleur conseiller.

Le roi d'Angleterre était alors en France avec de nombreux soldats.

En même temps que le roi de France, son suzerain, il rendit au pape les plus grands honneurs, servant tous les deux à la fois d'écuyers au pontife et marchant à pied, tenant chacun une des brides de la haquenée pontificale.

Le 29 septembre, Alexandre était à Tours qu'il ne quitta qu'après avoir décidé qu'un concile général s'y réunirait pendant l'octave de la Pentecôte prochaine.

De là, Alexandre était parti pour Paris, où l'appelaient les vœux de tout le royaume.

Le roi, entouré des princes du sang et des hauts barons, s'était avancé jusqu'à deux lieues de la cité, au-devant du pontife, tandis que le peuple, massé aux portes de la ville, attendait son illustre visiteur avec une fébrile impatience.

Paris avait alors pour évêque un homme dont le nom a traversé les siècles parce qu'il est attaché à une œuvre architecturale grandiose, la superbe basilique de Notre-Dame encore en projet, à cette époque, dans son esprit.

C'était Maurice de Sully, ainsi nommé de l'humble bourgade de Sully où il avait vu le jour.

Cet évêque avait une touchante histoire.

Tout enfant, il mendiait, car ses parents étaient d'une pauvreté extrême.

Un jour, un passant lui dit ironiquement, sachant que l'enfant ne désirait rien tant que de faire des études ecclésiastiques :

— Je ne te donnerai rien, petit, à moins que tu ne me fasses une promesse.

— Laquelle, messire?

— Jure-moi que tu ne seras jamais évêque.

L'enfant regarda son étrange interlocuteur et lui dit d'un ton décidé :

— C'est bien. Gardez votre argent, je ne vends pas l'espérance.

Grâce à une rare énergie, Maurice fit ses études avec succès et devint professeur de Théologie.

Le siège épiscopal de Paris était alors occupé par le fameux Pierre Lombard qui, le premier, avait tenté de rédiger une somme théologique ou manuel de la science sacrée.[1]

Quand Pierre mourut, on ne pouvait s'entendre pour lui nommer un successeur.

Maurice était alors archidiacre, et l'on convint de remettre à trois électeurs, dont il serait l'un, la nomination en litige.

Maurice prit ses deux collègues à part et leur persuada de s'en rapporter à lui-même pour le choix en question.

(1) C'est le « *Livre des Sentences* » qui valut à son auteur le nom de « Maître des Sentences ». Ce livre est aujourd'hui bien oublié et le nom de son auteur le serait aussi, s'il n'avait eu cinq cents commentateurs, parmi lesquels les plus illustres furent Alexandre de Halès, Albert-le-Grand, S. Bonaventure et S. Thomas d'Aquin.

Nous reparlerons de Pierre Lombard, lorsque nous tracerons le tableau du siècle au point de vue des grandes œuvres intellectuelles.

Ils y consentirent. Alors, l'archidiacre, s'adressant à l'assemblée générale, parla ainsi :

— Je ne connais ni les consciences ni les intentions des autres ; mais, à coup sûr, je me connais moi-même. Si je prends le gouvernement de ce diocèse, mon unique but sera constamment de travailler à son bien, aidé par la grâce divine, de procurer par tous les moyens en mon pouvoir la gloire de la religion et le salut des âmes. Je me donne donc ma voix ; l'élection est faite.

C'était adroit, mais peu canonique et peu sage. L'enfant avait eu jadis bien raison de ne pas vendre l'espérance !

D'unanimes acclamations rendirent régulier ce qui ne l'était pas. Maurice de Sully devait fournir une longue carrière épiscopale pleine de dignité, de sagesse et même de grandeur.

Le pape Alexandre posa solennellement la première pierre de la splendide basilique dont Maurice avait conçu le plan, pour la réalisation duquel cet homme sans ressources allait trouver d'incalculables sommes et recruter tant de courageux ouvriers.[1]

La date fixée pour le concile était arrivée, et le pape se hâta de se rendre à Tours où l'assemblée se réunit le 19 mai dans l'église de Saint-Maurice.

Là se trouvaient dix-sept cardinaux, cent vingt évêques, quatre cent quatorze abbés et une foule immense de clercs et de laïques.

---

(1) La magnifique basilique, qui défie les siècles et a vu passer sous ses voûtes l'immense panorama de notre histoire de France, depuis huit cents ans, est l'œuvre du seul Maurice. Jeune, il en posa les fondements, vieillard, il en vit poser le faîte. A sa mort, il ne manquait, dans l'ensemble, que le portail du midi et des travaux d'ornementation à exécuter.

Notre-Dame de Paris, malgré des réparations modernes peu adroites au point de vue, non de l'art, mais du symbolisme, dont les restaurateurs n'avaient pas le secret, reste le superbe joyau de Paris et l'une des plus belles et grandiose basiliques du monde.

Dans ce nombre était Thomas Becket, archevêque de Cantorbéry, chancelier et primat d'Angleterre.

Sur l'ordre du pape, un savant prélat, Arnoulf de Lisieux, fut chargé du périlleux honneur de prononcer le discours d'ouverture.

Plein de l'importance de ce rôle éminent, Arnoulf déclara d'abord que l'obéissance seule avait pu le déterminer à l'accepter. Après un exorde plein d'humilité, il aborde son sujet.

Il montre d'abord que l'unité est la substance même de l'être et que la liberté est la garantie essentielle de toute existence digne de ce nom.

« Or, l'Eglise est un être vivant, l'unité doit donc être sa substance et il lui faut la liberté sans laquelle elle ne peut exister. Si l'Eglise est divisée et si elle est esclave, l'existence pour elle est plus funeste que le néant.

» Les schismatiques et les tyrans attentent donc deux fois à la vie de l'Eglise; les premiers en troublant l'unité qui est sa constitution même, les seconds en lui ôtant la liberté qui est la seule garantie de sa vie.

» La robe sans couture du Christ, qui est l'unité de l'Eglise, ne doit donc pas être scindée, le sang généreux du Christ ne doit pas être rendu stérile.

» C'est aux évêques qu'il appartient, sous l'autorité suprême de leur chef, de veiller à ce que l'intégrité de l'Eglise ne soit pas atteinte.

» Généreusement, l'évêque de Lisieux ne veut désespérer ni de la vie de l'Eglise, ni des hommes même qui l'oppriment, plus aveugle que mauvais, et il espère que leurs yeux seront enfin ouverts à la lumière.

» L'ère des martyrs est passée; aujourd'hui, les chefs de l'Eglise sont dans les honneurs et la richesse, ils ont des coursiers et des chars, des palais et des grands biens, mais, hélas! s'écrie l'évêque, nous prêchons la pauvreté et nous n'en donnons pas l'exemple!

» Certes, il n'est point défendu de posséder des richesses,
ce qui est défendu, c'est d'y attacher son cœur. Les richesses
sont le patrimoine des pauvres, et ceux qui les possèdent n'en
sont que les administrateurs et les distributeurs.

» Un jour, le Christ récompensera par des biens éternels
l'abandon des biens temporels à ceux qui défendent sa cause
et qu'a frappés, pour cette raison, la spoliation et l'exil![1] »

Ils étaient là, ces nobles exilés. Le pape d'abord et ses cardinaux fidèles, puis l'archevêque de Milan et son archidiacre
pleurant sur les ruines de leur patrie; l'archevêque de
Mayence qui, par fidélité au pape légitime, avait abandonné
le premier siège archiépiscopal de l'Allemagne; et d'autres,
fugitifs devant la tyrannie du César germanique.

D'immenses acclamations saluèrent ce discours; l'excommunication fut prononcée contre l'intrus césarien, Octavien,
et dix canons furent promulgués, condamnant le partage des
bénéfices ecclésiastiques secondaires, alors que les grands
bénéfices n'étaient jamais partagés; l'usure sous toutes ses
formes; l'ingérance des laïques dans l'administration des
biens ecclésiastiques; l'hérésie manichéenne qui infestait alors
la Gascogne; l'abus par lequel, en certains lieux, on confiait
à des prêtres une église à gouverner moyennant une rede-
vance annuelle; l'avarice, sous toutes ses formes, dans les
choses de la religion; la rétribution des juges ecclésiastiques; l'exercice de la médecine ou de la profession d'avocat
par des religieux; les ordinations faites par Octavien et les
schismatiques, déclarées en outre nulles et de nul effet;[2] la
célébration des offices divins sur les terres des schismatiques.

Après avoir ratifié ces dispositions, le concile se sépara.

____

(1) Arnulf de Lisieux. Serm. I. *Patrol. lat.* T. cor.

(2) Il s'agit ici de nullité au point de vue disciplinaire et non d'invalidité radicale. On sait, en effet, que tout sacrement conféré est valide par le fait que le
ministre qui le confère, digne ou indigne, en a les pouvoirs régulièrement acquis.

Aussitôt, les rois de France et d'Angleterre offrirent au pape Alexandre de choisir une résidence à sa convenance dans leurs Etats.

Alexandre opta pour la France et pour la ville de Sens, l'une des plus importantes du royaume et métropole de Paris.

Comme le pape allait quitter Tours, un archevêque vint prendre congé de lui; c'était Thomas Becket, dont le voyage en France avait été une suite d'ovations.

Le pape le bénit et le primat d'Angleterre reprit le chemin de Cantorbéry.

Impressionné par les actes du concile, il avait résolu de donner, aussitôt son retour, sa démission de chancelier, jugeant plus que jamais les compromis de cette charge incompatibles avec son caractère épiscopal.

IX

LE CONFLIT.

Le roi d'Angleterre était revenu lui-même dans ses Etats

Tout impressionné encore par les grands spectacles dont il avait été témoin en France, son amitié pour Thomas reprit l'allure confiante des anciens jours.

A cette vue, les courtisans sycophantes qui avaient mis à profit l'absence de l'archevêque, pour semer sur son compte les plus noires calomnies, se tûrent, et il sembla, un instant, que tous les nuages se fussent dissipés.

Mais ce n'était qu'un calme trompeur, comme le calme qui précède les tempêtes.

Thomas, de son côté, avait l'âme trop impressionnée par ce qu'il avait vu en France, pour que sa conduite ne s'en ressentit pas jusqu'à ne pas le faire reculer devant des résolutions extrêmes.

— Seigneur roi, dit-il à Henri II, l'archevêque de Cantorbéry et le chancelier d'Angleterre ne pouvant vivre en paix, je vous prie de les séparer, car l'avenir ne fera qu'envenimer leur querelle.

Henri comprit que Thomas renonçait à sa charge de chancelier.

A la stupéfaction que lui causait cette résolution, succéda une grande inquiétude.

Perdre un homme de la valeur de son chancelier, n'était pas, toutefois, ce qu'il redoutait le plus. Il pressentait, en effet, qu'en perdant Thomas, comme chancelier, il allait trouver en lui un ennemi comme archevêque, car, s'il était possible de passer des compromis avec le primat d'Angleterre chancelier du royaume, il n'y aurait pas autre chose à espérer du primat tout court que l'opposition la plus complète à tout acte royal susceptible de léser les intérêts de l'Eglise.

A ses remontrances, Thomas répondit :

— Le spectacle que j'ai eu sous les yeux au concile de Tours, tant de nobles proscrits, le Souverain-Pontife lui-même, exilé pour la cause de la Religion, les paroles magistrales de cet évêque de Lisieux qui a si bien montré la nécessité de l'unité et de la liberté pour l'Eglise, et les devoirs sublimes de l'épiscopat dans les circonstances présentes, tout cela a affermi en moi cette résolution qui, déjà, y était en germe, et je n'y faillirai pas.

— Je vous en prie, seigneur évêque, dit le roi, ne m'abandonnez pas ainsi ; allez et réfléchissez encore, je suis sûr que vous reviendrez sur votre détermination ; si vous ne le faites pas pour vous, faites-le pour votre roi et pour l'Angleterre.

Becket se retira, mais ce fut pour envoyer, dès sa rentrée chez lui, sa démission écrite au roi, et, malgré toutes les supplications de ce dernier, il resta ferme et inébranlable.

Cependant, devant une telle fermeté, la tristesse d'Henri II fit place à une violente indignation, puis aux éclats d'une retentissante colère.

Les ennemis de Becket, alors, exultèrent, ils renchérirent sur la colère du roi et présentèrent leurs propres griefs contre le primat, en les faisant valoir avec adresse, de façon à montrer que l'injure faite à eux était, en réalité, faite au roi.

Le siège de Cantorbéry possédait de grands biens, des terres, des châteaux, et le prédécesseur de Thomas, l'archevêque Théobald, s'en était laissé enlever une partie par de puissants barons.

Dès sa nomination, Thomas avait exigé la restitution de ces biens qui avaient dû ainsi faire retour à l'église primatiale. Du même coup, il s'était fait autant d'irréconciliables ennemis.

De plus, il avait activement veillé à ce qu'aucun siège épiscopal ne restat vacant, dans toute l'Angleterre, au delà du temps nécessaire au remplacement du titulaire défunt ou déplacé. Du même coup, il enlevait au trésor royal la ressource de spéculer sur la vacance prolongée des sièges pour s'en approprier les revenus pendant ce temps là, et portait atteinte à la cupidité royale.

Ardent réformateur de la discipline ecclésiastique, il avait encore pour ennemi tout le clergé courtisan et dissolu, car, dans sa lutte contre l'indiscipline, il n'hésitait devant aucune personnalité si puissante ou si susceptible qu'elle fut.

Enfin, comme la juridiction séculière empiétait chaque jour sur la juridiction ecclésiastique et menaçait de l'anéantir, Thomas revendiqua les droits ecclésiastiques avec une rigueur inflexible.

Avec un tel caractère, Thomas Becket, en effet, ne pouvait garder sa charge de chancelier; personnification de la justice et de la vérité, tenant d'une main la constitution même de la société chrétienne, et, de l'autre, le glaive spirituel, il ne pouvait qu'être ce qu'il devait être, un archevêque et un martyr.

C'est contre tout un monde, en effet, que cet athlète se dresse, prêt à combattre à visage découvert, des passions conjurées qui, elles, lutteront autant dans l'ombre qu'au grand jour et épuiseront contre lui toutes les ressources de la fureur et de la ruse.

Dans le royaume Anglo-normand, les deux juridictions, celle civile et celle ecclésiastique, étaient bien distinctes en principe depuis des siècles, mais leurs limites respectives n'étaient pas fixes, de sorte que leur exercice donnait lieu à de perpétuels conflits.

La ville italienne de Bologne était alors le foyer brillant des études sur le droit canonique, et tous les étudiants du monde, à la recherche des leçons des plus illustres écolâtres, s'y rendaient en grand nombre pour y parfaire leurs connaissances dans cette branche des sciences ecclésiastiques.

La jeunesse cléricale anglaise y accourait en foule et, depuis longtemps déjà, avait déterminé en Angleterre un courant d'opinion corroborant puissamment la prépondérance des tribunaux ecclésiastiques sur les tribunaux civils.

Thomas Becket, on l'a vu, avait été, lui aussi, sur le conseil de son protecteur, l'archevêque primat Théobald, suivre les cours de l'école de Bologne, et, de retour dans sa patrie, devenu archidiacre, puis primat de Cantorbéry, à son tour, avec les dispositions de son caractère, il était un des plus ardents champions de cette prépondérance à laquelle s'opposait de toutes ses forces la juridiction civile.

Théobald avait prévu que de graves conflits ne tarderaient pas à s'élever à ce sujet, car de part et d'autres, les compétitions étaient violentes.

Sur le point de rendre son âme à Dieu, il avait écrit au roi pour le supplier de respecter les libertés de l'Eglise et de ne pas faire cause commune avec ses ennemis.

Or, il était un terrain sur lequel les tribunaux ecclésiastiques étaient particulièrement faibles vis-à-vis des revendications du pouvoir civil.

C'était celui de la juridiction criminelle.

Les canons interdisaient formellement aux juges ecclésiastiques de porter aucun jugement de sang contre aucun

criminel quelle que fut la gravité du délit ou du crime
déférés à leur tribunal.

Dans les cas même les plus graves, la peine la plus forte
qu'il leur fut permis d'infliger au coupable était la flagella-
tion, l'amende, la prison et la dégradation.

En ce temps-là, le nombre des gens qui relevaient de ces
tribunaux était grand et il pouvait être augmenté encore sin-
gulièrement par le droit que tout criminel avait de demander
à être jugé par eux, droit dont ne manquaient d'user et d'abuser
ceux qui avaient des raisons de craindre la juste rigueur des
tribunaux civils qui, de ce chef, se trouvaient impuissants à
châtier les plus grands crimes.

Le clergé même n'était pas à beaucoup près ce qu'il est
devenu de nos jours, un corps composé presqu'exclusivement
d'hommes dont la longue et sévère éducation a affermi les
idées morales suffisamment pour que parmi eux, on ne rencontre de criminels de droit commun que comme de très
rares exceptions et presque des phénomènes qui passent pour
monstrueux.

Le clergé ne comptait pas, alors que des prêtres; il comptait d'innombrables membres à tous les degrés de la cléricature[1] et c'était l'exception seulement qui était pourvue de
l'instruction et de l'éducation suffisantes qui mettent à l'abri

---

(1) Tous ces degrés, aujourd'hui, sont abolis en fait. Tout membre actuel du
clergé est prêtre en place ou membre d'un ordre régulier. A cette époque-là, un
chantre, un enfant de chœur, etc., faisaient partie du clergé, jouissant de tous les
avantages et de l'état clérical et de l'état laïque, et échappant, en même temps, aux
charges des deux états. De hauts dignitaires ecclésiastiques, archidiacres, cardi
naux... n'étaient pas pour cela prêtres, et pouvaient mener la vie laïque, tout en
jouissant des honneurs ecclésiastiques. Ainsi était Thomas Becket lorsqu'il était
archidiacre.

De nos jours, la Rome de Pie IX montrait encore le tableau de cette ancienne
organisation moyenâgeuse, que la disparition du pouvoir temporel des papes, en
ces derniers temps, a modifié, et qui disparaîtra, sans doute, complètement de Rome
même, avec l'état social qui la supportait jadis.

des excès. Du reste, à cette époque, les mœurs du clergé mêlé à toutes les ardeurs de la vie sociale et guerrière étaient plus séculières que cléricales.

Aussi, les tenants des tribunaux séculiers prétendaient-ils, et non sans quelque raison, que l'impuissance des tribunaux ecclésiastiques à punir certains crimes, les encourageait plutôt et constituaient une véritable prime à la criminalité et à l'impunité.[1]

C'était sur ce terrain qu'allait prendre naissance et s'affermir le conflit au terme duquel l'archevêque de Cantorbéry, trouvera le martyre.

(1) On verra, plus tard, cette difficulté écartée, lorsque fonctionnera l'Inquisition, tribunal ecclésiastique qui, comme ses devanciers, n'aura pas le droit, canoniquement, de verser le sang non plus, mais livrera ses condamnés au « bras séculier » qui, lui, se chargera, non de le verser à flots, les constitutions ecclésiastiques s'y opposent, mais d'exécuter les condamnés « sans effusion de sang », par la pendaison et le bûcher.

EN GUERRE.

Henri II n'était pas un homme vulgaire, pour son époque.

Malgré la médiocrité de sa taille et un fort embonpoint qui affligeait tous les descendants de Guillaume le Conquérant, il avait un air majestueux.

Coutumier, par raison de santé, des exercices du corps, il était, pour le même motif, d'une sobriété rare et parfaite.

Doué de belles facultés, il avait une excellente instruction pour son temps et faisait ses délices de la conversation des hommes instruits auxquels il savait plaire en montrant une élocution élégante et facile, une mémoire prodigieuse, un abord aimable, une affabilité parfaite, qualités brillantes qui environnaient sa personne de charme et de séduction.

Mais ce tableau agréable avait son revers. Son tempérament sanguin en faisait un homme plein d'emportement à ses heures et incapable de mettre un frein à sa colère une fois déchaînée. Il était capable à la fois de se porter aux plus violents excès comme de méditer les plus vils artifices, sans souci, quand sa passion était en jeu, ni de sa parole ni de son honneur.

— Il vaut mieux, disait-il, pour justifier sa duplicité, se repentir d'avoir parlé que d'avoir agi, et le succès justifie les mensonges employés pour l'atteindre.

Ce n'était pas un guerrier, quoiqu'il possédât de vastes domaines et rêvât sans cesse aux moyens de les agrandir; mais, chez lui, la prudence mettait un frein à l'ambition.

Egoïste et sans grande force de résolution, son gouvernement flottait dans une permanente incertitude dont la temporisation était le caractère saillant.

Tyran par tempérament, il était jaloux de toute autorité parallèle à la sienne et toujours appliqué à abaisser toutes les puissances comme à reconnaître par de grandes faveurs toutes les servilités.

Etre esclave et son ami, être libre et son ennemi implacable, telle était l'alternative de ceux qui avaient affaire avec lui. Sa haine sans frein et farouche poursuivait quiconque ne se résignait pas à le servir aveuglément, et quand il n'en pouvait atteindre l'objet, il tombait dans des accès de fureur singulière.

Un jour, l'un de ses ministres, son confident et son ami, voyant son maître irrité contre le roi d'Ecosse, voulut plaider la cause de ce dernier et pallier ses torts qui, quoique réels, n'étaient pas aussi graves que le disait le roi d'Angleterre.

Tout à coup, le visage d'Henri, naturellement coloré, devint rouge comme un brasier incandescent; ses yeux s'injectèrent de sang, il se leva de son siège et, parcourant la salle, se mit à vomir des torrents d'imprécations; puis, trépignant, hurlant, accusant son confident de lâcheté et de trahison, il déchira de ses ongles son propre manteau, le jeta loin de lui avec sa toque et son épée, bouleversa son lit en en jetant les courtines aux quatre coins de la pièce et, enfin, à bout de paroles, écumant, essoufflé, se jeta par terre et se mit à ronger rageusement les nattes qui couvraient le plancher.

Tel était l'homme contre lequel allait avoir à lutter l'archevêque de Cantorbéry.

Un incident, peut-être voulu, mit le feu aux poudres. En pleine cour de justice, un justicier royal rappela une affaire jugée depuis longtemps. Un chanoine de Bedford, convaincu d'homicide, avait été condamné par le tribunal ecclésiastique à payer une somme très forte aux parents de la victime. Le justicier faisant allusion, dans son discours, à cette cause déjà ancienne, nomma le chanoine en le flétrissant publiquement du nom de meurtrier.

Le chanoine était-là ; il se leva et, à son tour, emporté par la colère, insulta le justicier royal.

Le roi averti, prit cette injure comme faite à lui-même et ordonna à la cour spirituelle d'informer.

Celle-ci condamna le chanoine au fouet, à la perte de ses bénéfices et, pendant deux ans, à la suspense des fonctions sacrées.

La peine, énorme en regard du délit, avait été si sévère parce que, dans l'état actuel des esprits, le tribunal ecclésiastique espérait ainsi apaiser le roi.

Mais Henri II y trouva un motif de plus de colère et, proférant son jugement habituel, il s'écria :

— Par les yeux de Dieu ! voilà un coquin qui doit à son privilège clérical d'être aussi bien traité ; je jure qu'un tel jugement sera révisé, car il est attentatoire au droit et à la majesté du roi !

Aussitôt, dans son palais de Westminster, il mande, à Londres, les évêques, et leur dit :

— Seigneurs évêques, nous demandons et nous voulons que vous consentiez à ce que, désormais, tout clerc reconnu coupable et dégradé de ses fonctions, soit remis au pouvoir séculier.

— Seigneur roi, répondirent les évêques, est-ce à dire que vous voulez rendre le clergé d'Angleterre inférieur à

celui de tous les autres pays chrétiens? n'avez-vous pas, lors
de votre couronnement, juré de respecter nos libertés ecclésiastiques? Peut-on, en justice, déférer le même homme,
pour le même délit, à deux tribunaux différents qui, chacun,
le condamneront à une peine différente?

— Laissons cela, dit brusquement Henri II. J'ai autre
chose à vous dire. Etes-vous disposés à respecter les
anciennes coutumes du royaume d'Angleterre?

Les évêques ne s'attendaient pas à cette demande et ils
furent, un instant, surpris et presque décontenancés.

Cependant, Thomas Becket prit la parole et dit :

— Seigneur roi, en ma qualité de primat d'Angleterre,
je puis vous répondre que, saufs les droits de mon ordre, je
les observerai, c'est avec cette restriction que nous en faisons
tous la promesse, lorsque, nous, clercs, nous prêtons serment au roi.

Cette promesse était, du reste, aussi vague que l'étaient
elles-mêmes les coutumes nationales dont il n'existait aucun
code écrit, de sorte qu'un tyran pouvait les modifier à son gré.

Henri fit à chaque évêque la même question. Tous, sauf
l'évêque de Chichester, firent la même réponse que le primat.

Henri II, en les écoutant, contenait à peine sa colère;
quand il eut fini de les interroger, elle éclata.

— Misérables rebelles! s'écria-t-il, vous conspirez donc
tous contre moi! allez! allez! je saurai briser votre
conjuration !

Et, ce disant, il bondit comme un furieux et s'élança
dehors.

Le lendemain, le tyran frappait un premier coup retentissant destiné à terroriser les évêques. Un ordre du roi
dépouillait l'archevêque de Cantorbéry d'un de ses plus
beaux châteaux et du titre puissant qui y était attaché.

A cette nouvelle, en effet, les évêques effrayés tinrent
conseil.

Désormais, il était clair qu'au nom vague des coutumes du royaume, une lutte générale allait s'engager contre toutes les immunités de l'Eglise d'Angleterre.

Tous convinrent que la résistance s'imposait, mais jusqu'à quel point? telle était la question. Il fallait, en tout cas, allier le courage à la prudence.

Cependant, l'archevêque d'York, qui, en secret, était gagné par le roi, proposa à ses collègues de céder devant l'orage imminent, sauf à reprendre le débat quand le calme se serait fait.

Thomas Becket devinant l'ambition qui se cachait sous cet avis intéressé, protesta.

— Mon avis, dit-il, est qu'il faut résister énergiquement avec unanimité et persévérance et sans perdre de temps.

Et il développa largement son idée.

Mais il fut seul de son avis et tous les moyens furent mis en œuvre pour l'en faire changer. Obsédé, à la fois, par les menaces de ses ennemis et les supplications de ses amis qui s'efforçaient de lui persuader que le roi se contenterait du seul plaisir de la victoire, influencé en outre par un avis vrai ou supposé du pape l'engageant à la condescendance dans les limites du possible, il consentit à faire auprès du roi une démarche, au château de Woodstock, où Henri II s'était retiré en quittant Londres.

XI

LES « COUTUMES » DU ROYAUME.

Le roi attendait l'archevêque. Thomas Becket fut introduit, et, au lieu de trouver comme il s'y attendait, la colère peinte sur son visage, il y vit, au contraire, les signes du plus bienveillant accueil.

— Seigneur roi, dit Thomas, je m'engage à supprimer la restriction que comportait ma réponse à la question que vous nous fîtes à Westminster et qui excite votre colère, et je ne demande qu'à examiner avec vous l'affaire qui nous divise.

— Très bien, seigneur archevêque, dit le roi, je n'attendais pas moins de votre fidélité, parlons-en à loisir.

La conversation resta calme, et pour élucider l'affaire complètement, on convint de réunir un concile national à Clarendon après la fête de Noël prochaine.[1]

Au jour dit, s'ouvrit l'assemblée, présidée, contre toutes les règles, par une créature du roi, son chapelain, homme tout à fait vendu au Césarisme.

A peine eut-il pris la parole, d'un ton sec et bref,

(1) 25 janvier 1164, date fixée pour ce concile.

que le primat comprit aussitôt que l'assemblée n'était pas libre.

En effet, sans attendre aucune délibération, le mandataire du roi, en terminant son discours, dit aux évêques :

— Le primat d'Angleterre, archevêque de Cantorbéry, a fait une promesse au roi, il s'est engagé à accepter purement et simplement les coutumes du royaume ; au nom du roi, je vous somme tous de vous tenir comme responsables et exécuteurs de cette parole donnée.

Il s'assit, mais Thomas Becket se leva.

— Je vois, dit-il, où l'on veut en venir ; on tourne contre nous mon désir de conciliation, comme ne l'indique que trop le ton menaçant des paroles que nous venons d'entendre. Aussi j'exprime le vœu que notre promesse d'obéissance aux coutumes du royaume d'Angleterre ne soit pas séparée de sa clause restrictive que je me vois obligé de maintenir.

En entendant ces paroles, le roi, irrité, bondit sur son siège et s'écria :

— Voilà une trahison insigne, qui mérite l'exil et même la mort.

Thomas Becket était resté debout, le front haut devant le tyran.

Soudain, une porte s'ouvrit et une troupe de soldats entra dans la salle, l'épée nue à la main.

A cette vue, les évêques épouvantés, se joignant aux nobles, supplièrent le primat de céder.

Des rangs des chevaliers, deux templiers s'approchèrent de l'archevêque de Cantorbéry, plièrent le genou devant lui et lui dirent d'un ton suppliant :

— Illustrissime et révérendissime père, ayez pitié de l'Eglise d'Angleterre, ayez pitié de vos collègues dans l'Episcopat, ayez pitié de vous-même, prévenez un massacre certain, cédez, du moins, devant l'imminence du danger.

Devant toutes ces supplications et ces larmes, l'arche-

vêque de Cantorbéry, ému à la pensée des catastrophes que
sa résistance allait provoquer, prononça ces paroles :

— Je ne saurais prendre sur moi la responsabilité
du sang que l'on veut verser. Je promets donc sur mon
honneur d'évêque et de chrétien d'observer les Coutumes du
royaume d'Angleterre. Je demande seulement au roi de
daigner nous faire connaître en quoi consistent ces Coutumes.

— J'ordonne, dit le roi, que ces Coutumes soient rédigées
sur l'heure.

Sur-le-champ, une commission de rédaction fut nommée et
l'assemblée fut convoquée pour le lendemain afin d'en entendre la lecture.

Dès le lendemain, sous le nom de Constitution de Clarendon, deux créatures du roi présentèrent seize articles arbi-
traires et confus que le roi voulut que les évêques scellâssent
immédiatement de leur sceau.

Thomas Becket obtint avec peine un délai pour réfléchir.

Trois copies furent faites de ce document, l'une pour les
archives royales, l'autre pour le primat, la troisième pour
l'archevêque d'York.

En substance, il y était stipulé ceci :

« Le roi seul aurait la garde et percevrait les revenus de
tout bénéfice ecclésiastique vacant, archevêché, évêché,
abbaye ou prieuré. Toute élection ne se ferait que sur son
ordre.

» Tous les procès criminels où seraient engagés les
hommes d'Eglise commenceraient devant les tribunaux du
roi. Aucune excommunication ne pourrait être prononcée
contre aucun sujet du roi sans son autorisation expresse.

» Nul ecclésiastique, de quelqu'ordre que ce fut, ne pourrait quitter l'Angleterre pour voyager, sans la permission
royale. »

Ces dispositions étaient empreintes du césarisme le plus
odieux, et c'est l'âme plongée dans une douloureuse angoisse

J'ai mis en Dieu mon espérance, dit Thomas. (P. 88.)

que Thomas Becket reprit le chemin de Cantorbéry, se reprochant amèrement d'avoir promis d'observer ces prétendues Coutumes sans les avoir connues d'avance.

Telle fut la douleur de l'archevêque que, pour se punir lui-même de ce qu'il se reprochait comme une indigne faiblesse, il s'interdit toute fonction sacrée, même de monter à l'autel, disant à qui voulait l'entendre :

— Je suis un misérable! J'ai trahi la cause de l'Eglise, je ne suis plus digne du sacerdoce et je resterai dans le silence jusqu'à ce que le Seigneur m'ait visité d'en haut, jusqu'à ce que le Souverain Pontife m'ait absous de mon sacrilège et téméraire serment!

Et, sans tarder, il envoya au pape Alexandre III, un messager pour l'instruire de ces choses et implorer son pardon.

Alexandre, déjà, savait tout. Aussitôt, il répondit au primat que l'intention seule constitue la faute, et non l'acte extérieur en lui-même et que, non-seulement il l'absolvait, mais lui ordonnait de reprendre toutes ses fonctions sacerdotales et épiscopales.

Pendant ce temps-là, les ennemis de Thomas Becket, qui, d'ailleurs, n'aimaient pas davantage le roi, mais prenaient plaisir dans le mal, s'évertuaient à envenimer les choses davantage encore.

Henri II, qui n'espérait plus soumettre l'archevêque, de son côté, avait fait le rêve d'intéresser le pape à sa cause et d'obtenir de lui l'approbation des Coutumes. Des agents allèrent de sa part tenter cette négociation en faisant valoir les droits du roi d'Angleterre à la reconnaissance du Pontife à cause de services rendus, et le danger de voir l'Angleterre faire cause commune avec le César germanique dans le schisme.

Il se flattait de faire nommer l'archevêque d'York, sa créature, légat apostolique en Angleterre, puis de faire déposer le primat.

Alexandre comprit une partie du danger, et pour ne rien compromettre, afin de refuser plus librement son approbation aux Coutumes, il consentit à nommer légat l'archevêque d'York, mais avec la précaution d'exempter de sa juridiction le siège de Cantorbéry dont il maintenait le caractère primatial absolu sur toutes les églises du royaume.

Mais en même temps que le Pontife transmettait ses condoléances à Thomas en l'exhortant à la prudence et à la modération, il envoyait au roi les plus sévères avertissements.

Thomas, cependant, en était arrivé à ce point d'angoisse qu'il fit supplier le pape de lui permettre, comme jadis l'avait fait son prédécesseur Anselme, de quitter son siège et l'Angleterre et de se retirer sur le continent.

— A Dieu ne plaise! s'écria Alexandre avec douleur; puissé-je mourir plutôt que de le voir quitter ainsi sa patrie et son Eglise dans une telle désolation! Partout, à Clairvaux, à Citeaux, à Pontigny, sur mon ordre, dites-lui qu'on prie pour lui et pour l'Eglise que Dieu lui a confiée.

Pendant ce temps-là, Thomas Becket, avec l'aide des moines de Cantorbéry, tentait de fuir.

Mais les vents contraires s'y opposèrent et il revint, prêt à braver tous les dangers.

Le roi venait de sommer le primat de comparaître devant une grande assemblée féodale à Northampton, et Thomas Becket, le cœur plein de sombres pressentiments, avait consenti à se rendre à cet ordre.

XII

LA ROUTE DU CALVAIRE.

Quand l'archevêque de Cantorbéry entra dans la salle où trônait le roi d'Angleterre au milieu d'une immense assemblée, tous les yeux étaient attentifs à guetter le moindre indice des sentiments du roi.

Le primat s'avança vers le trône et, selon l'usage, s'approcha pour donner au roi le baiser de paix.

Mais, froidement, Henri refusa ce gage de fraternité chrétienne.

Les assistants étaient fixés. Thomas Becket l'était aussi, sa dernière illusion s'évanouissait, sa cause était perdue.

Transformé en accusateur, le roi commença à demander haineusement compte à l'archevêque de ses prétendus crimes contre lui.

L'archevêque de Cantorbéry avait méprisé le roi d'Angleterre, spécialement dans l'exercice des fonctions judiciaires.

Thomas se défendit avec calme, raison et clarté de cette accusation, et quand il eut parlé, le roi dit d'un ton tranchant :

— Les paroles ne sont rien, je jure que satisfaction me sera donnée, je le veux, je l'exige : que l'assemblée prononce.

Le calvaire de Thomas Becket commençait.

L'assemblée prononça. L'archevêque, déclaré coupable du crime de lèse-majesté, s'entendit condamner à la perte de tous ses biens, meubles et immeubles, ce qui, dans le langage du temps, s'appelait « être à la merci du roi. »

La peine fut alors commuée en une amende de cinq cents livres.

Le roi, ensuite, réclama la restitution d'une rente de trois cents livres dont il avait fait don au primat à titre irrévocable.

— C'est bien, dit Thomas froidement, je rendrai cet argent, quoique j'aie dépensé beaucoup pour la réparation des châteaux qui m'ont été concédés ; je ne veux pas que la question d'argent soit une cause de division entre mon souverain et moi.

— Vous rendrez aussi, dit Henri, ce que vous avez reçu sous les murs de Toulouse, alors que vous étiez encore chancelier.

— Quoi ! seigneur roi, dit Thomas, vous me réclamez cette somme dont vous me fîtes don en récompense de mes services !

— Ce n'était pas un don, dit le roi, c'était un prêt, vous la rendrez.

— Le primat, prononça l'assemblée, rendra cette somme, qui lui fut prêtée par notre seigneur le roi, ou en donnera caution.

Thomas Becket se tut.

— Le primat, continua le roi, rendra compte de toutes les recettes provenant des abbayes et des évêchés vacants administrés par lui pendant tout le temps qu'il était chancelier. Nous avons fait le calcul de cette somme qui s'élève à quarante-quatre mille marcs, dus de ce chef à la couronne.

En entendant cela, l'archevêque resta muet de stupeur et d'effroi.

Enfin, il se ressaisit et dit :

— Seigneur roi, je déclare que je suis exempt de toute

obligation à ce sujet. Lors de mon sacre, le comte de Leicester, notre grand justicier et vous-même, m'avez dégagés de toute réclamation à cet endroit. En tout cas, je proclame le droit que l'on ne peut me contester d'en conférer avec mes collègues les évêques.

Mais Thomas devait bientôt revenir de cette nouvelle illusion. Tous les évêques présents, un seul excepté lui dirent :

— Nous ne voyons pas d'autre solution pour vous que de résigner votre dignité primatiale, car vous ne sortirez pas de cette impasse.

L'assemblée avait duré trois jours. Thomas rentra dans sa demeure, navré à la mort, et dut prendre le lit pendant deux jours.

Longuement, il médita sur son affreuse situation, se demandant avec anxiété quel parti il allait prendre.

Un instant, il songea à s'en aller se jeter purement et simplement aux pieds du roi et à lui demander grâce au nom de leur ancienne amitié.

Mais, bientôt, il comprit que cette démarche ne ramènerait point la paix, si humble fut-elle, car ce n'était point des faits qui étaient l'objet de cette lutte acharnée, mais des principes.

— Rapportons-nous-en à Dieu, conclut-il, et allons jusqu'au bout. Ils n'oseront pas toucher à ma personne à cause du caractère sacré dont je suis revêtu.

Le matin du troisième jour, les émissaires du roi, le soupçon à la bouche, assiégeaient sa chambre et le sommaient de le suivre au conseil.

— Laissez-moi auparavant, dit Thomas, célébrer les saints mystères.

Au milieu de ses clercs, il célébra la messe de saint Etienne, diacre et martyr, puis gardant tous ses ornements pontificaux, sauf la chasuble qu'il remplaça par la chape pontificale, précédé de la croix, il se rendit au conseil du roi.

Les évêques l'entouraient. Au moment d'entrer, Thomas prit la croix entre ses mains pour la porter lui-même.

— Père, lui dit l'évêque d'Hereford, laissez-moi porter la croix devant vous et vous servir de chapelain, ce sera plus convenable.

— Il vaut mieux, en cette circonstance, dit le primat, que je la porte moi-même; elle sera ma plus sûre protection. A la vue de ce signe sacré on ne saura douter de la nature de mon chef de guerre.

— Vous avez tort, dit l'évêque de Londres, prélat courtisan, si le roi vous voit entrer ainsi armé, il ne manquera pas de tirer son épée et vous verrez alors de quoi votre protection vous aura servi.

— J'ai mis en Dieu mon espérance, dit Thomas.

— Fiez-vous y! murmura insolemment l'évêque césarien, je vous le conseille!

La porte s'ouvrit et l'archevêque entra. Le roi qui était là avec ses barons, passa dans une pièce voisine. L'archevêque s'assit sur un banc au milieu de ses clercs en attendant avec calme ce qui allait se produire.

Pendant ce temps-là, le roi en fureur, exhalait sa colère et Thomas l'entendait tantôt se répandre en imprécations contre un homme qui, disait-il, lui devait tout, tantôt contre la lâcheté de ceux qui se disaient ses amis dévoués et ne le débarrassaient pas de ses ennemis.

En entendant de telles paroles, qui n'étaient, dans la bouche du roi, qu'un ordre déguisé d'assassiner l'archevêque, les évêques, épouvantés de la tournure que prenaient les choses, disparaissaient prudemment l'un après l'autre, se repentant peut-être d'avoir, par leurs intrigues même, envenimé la querelle.

L'archevêque d'York dit à ses clercs qui l'interrogeaient des yeux muets de stupeur :

— Sortons d'ici, nous ne devons pas être témoins de ce qui se prépare.

— Moi, dit maître Robert, l'un d'eux, je ne sors pas, je reste pour voir s'accomplir les desseins de Dieu; oui, je veux voir comment dans de telles conjonctures un homme sait mourir pour Dieu!

Alors, l'évêque d'Exeter, Barthélemy, s'approcha de Thomas et, se prosternant à ses pieds, lui dit :

— Révérendissime père, nous vous en conjurons, ayez pitié de vous-même et de l'ordre épiscopal tout entier, le roi a menacé de mort quiconque oserait prendre votre défense.

— Lâche! lui dit Thomas, relève-toi et fuis, tu ne comprends rien aux choses de Dieu!

Sortant de la chambre royale, les autres évêques s'approchèrent, et celui de Chichester, beau parleur, s'adressant à Thomas, lui dit au nom de tous :

— Vous avez été notre archevêque et, comme tel, nous étions tenus de vous obéir, mais en vous opposant aux Coutumes dont le roi exige l'exécution, et qui ne regardent après tout que sa dignité temporelle, vous avez trahi votre serment de fidélité; nous vous déclarons parjure, vous n'avez donc plus droit à notre obéissance. C'est le pape maintenant, de l'autorité duquel nous relevons désormais, c'est devant lui que nous terminerons ce conflit.

L'archevêque, d'une voix calme, répondit ce seul mot :
— J'écoute.

En face de lui, le long du mur, s'assirent les évêques, pour montrer clairement qu'ils se séparaient du primat, et un morne silence plana dans la salle.

Bientôt les barons et les comtes sortirent, à leur tour, de la chambre royale et s'approchèrent du primat. L'un d'eux, le comte de Leicester, lui dit :

— Si vous venez ici pour expliquer et justifier votre

conduite, ainsi que vous l'avez dernièrement promis, entendez votre sentence.

— Ma sentence! s'écria le primat; seigneur comte, mon fils, écoutez-moi d'abord. Mon dévouement et mon affection pour le roi et son service ont été connus de tout le monde et Dieu sait que, si pour me récompenser, il a voulu que je sois archevêque de Cantorbéry, ce fut contre ma volonté expresse. C'est par déférence pour lui plus que pour tout autre motif que j'acceptai cette charge dont je me reconnaissais indigne, comme cela parait, aujourd'hui que Dieu me retire son appui et l'amitié du roi. Lors de ma promotion, j'ai été absous au nom du roi et par son ordre, de toute obligation envers la couronne.

— Il n'en sera pas ainsi, déclara le comte, sur un signe de l'évêque de Londres.

— Vous êtes, continua l'archevêque, mes enfants dans l'ordre spirituel, ne l'oubliez pas; ni la loi divine, ni la loi humaine, ni la raison, ni la foi, ne permettent à des enfants de juger leur père; je ne relève donc ni du tribunal du roi, ni d'aucun autre, mais seulement du tribunal de Dieu par celui de son Vicaire. Ecoutez tous, j'en appelle au Souverain Pontife et, de ce jour, je laisse l'église de Cantorbéry, mon rang et ma charge, à la garde de ces deux grands pouvoirs.

Et, se tournant vers la rangée des prélats :

— Quant à vous, dit-il, mes frères et coévêques, puisque vous obéissez à l'homme plutôt qu'à Dieu, je vous somme de comparaître avec moi au tribunal du Pape. Et maintenant, je vais partir sous la protection de l'Eglise catholique et du Pontife Romain.

Et, se levant, le primat se mit à marcher de long en large dans la salle en attendant que les portes fussent ouvertes.

Les courtisans le regardaient et le raillaient insolemment. Quelques-uns, ramassant sur le plancher des brins de paille, les jetaient sur lui en dérision.

Thomas Becket souffrait ces insultes sans mot dire. Tout à coup, dans le brouhaha des voix, il entendit distinctement dire :

— Ce traître !...

Il s'arrêta de marcher, se retourna vers celui qui avait parlé et fièrement s'écria :

— Si le caractère sacré de mon ordre ne me le défendait, le couard se repentirait aussitôt de sa grossière insolence !

C'était l'ancien chevalier, le vieux gentilhomme dont le sang, à ce mot, avait bouillonné soudain.

Mais, aussitôt, l'évêque reparut et sa colère d'un instant tomba.

Il se remettait à marcher, lorsque les portes furent ouvertes, et il sortit de la salle, puis du palais.

En bas, le peuple massé attendait sa sortie pour l'acclamer comme son bienfaiteur et son père.

Le bruit avait couru, en effet, que l'archevêque venait d'être assassiné ; aussi, quand on le vit ce fut une explosion de joie et la foule criait :

— Béni soit le Seigneur qui a arraché son serviteur aux mains de ses ennemis.

Ce fut ainsi qu'il fut reconduit à sa demeure.

Aussitôt, il fit demander au roi la permission de passer sur le Continent.

Henri II répondit que la chose serait résolue le lendemain.

Elle l'eut été, en effet, par un crime. Thomas le pressentit. Il ordonna qu'on lui préparât un lit dans l'église même, à l'insu des espions qui l'environnaient.

Quand la nuit vint, trois pèlerins sortirent par la porte du nord. L'un d'eux était l'archevêque de Cantorbéry.

Quinze jours après, il débarquait sur les côtes de Flandre après un voyage semé de fatigues et de périls inouïs.

Pendant ce temps-là Henri II lançait une circulaire à tous les évêques des îles et du Continent, pour leur enjoindre de persécuter tous les clercs qui soutenaient la cause de l'archevêque.

Puis il lança des décrets, tous plus odieux les uns que les autres; par l'un il s'attribuait les revenus de l'Eglise de Cantorbéry; un autre interdisait à ses sujets toute communication avec l'archevêque exilé; un autre ordonnait le retour dans le royaume de tous les jeunes anglais qui faisaient leurs études dans les universités étrangères; tous les parents, tous les amis de Thomas Becket furent spoliés de leurs biens, déportés et expulsés de la Normandie, de l'Aquitaine, de l'Anjou et de toutes les possessions anglaises. Enfin il envoya des ambassadeurs au roi de France et même au pape alors à Sens, pour les intéresser à la cause de sa tyrannie.

XIII

C'étaient des prélats et des barons anglais qui allaient ainsi représenter la plus odieuse des causes.

La cour de France s'ouvrit devant eux avec honneur.

Admis devant le roi Louis VII, ils commencèrent leur harangue et, à un certain moment, parlèrent de l'ancien archevêque de Cantorbéry.

— De qui parlez-vous? interrompit Louis VII, serait-ce du seigneur Thomas Becket? Depuis quand n'est-il plus archevêque de Cantorbéry et qui donc l'a déposé?

Et comme l'orateur restait interdit :

— Je suis, continua le roi de France, aussi roi que mon frère d'Angleterre, et cependant, je ne voudrais pas avoir déposé le moindre des clercs de mon royaume, car j'ai la conviction que nul souverain temporel n'a ce pouvoir entre les mains. Qu'avez-vous à ajouter?

— Seigneur roi, dirent les envoyés d'Henri II, nous venons vous demander d'interdire au traître le séjour de la France.

— Sachez, dit Louis VII, que le désintéressement, le zèle, la loyauté, les glorieux services du chancelier, le caractère, la position et la sainteté de l'archevêque sont dignes de respect à défaut de reconnaissance. Si le seigneur Thomas Becket se retire dans mes domaines, non content de le recevoir, j'irai à sa rencontre.

Interdits devant cette fermeté qu'ils ne connaissaient pas au roi de France, les ambassadeurs quittèrent Compiègne, et espérant être plus heureux, s'en furent à Sens où était alors le pape Alexandre III.

Le pontife, installé là avec toute sa cour, avait fait de cette ville une véritable Rome.

L'évêque de Londres, ennemi juré de Thomas, se chargea de prendre la parole, quoiqu'il ne fut pas très versé dans le génie de la langue latine ni même dans la grammaire.

Tout d'abord, on essaya de corrompre à prix d'or l'entourage du pape, et ce fut avec une certaine assurance que l'évêque anglais commença une longue harangue, qui n'était qu'une longue suite d'injures contre le malheureux exilé.

Le pontife écoutait avec lassitude, lorsque citant un texte de l'Ecriture, l'évêque dit ces paroles :

— « Il a pris la fuite alors que nul ne le poursuivait.[1] »

Le pape, en entendant l'application abusive que l'évêque faisait de ces paroles, dit :

— Pitié! frère! pitié!

L'évêque de Londres, sans se déconcerter, répondit avec emphase :

— Vous avez raison, Seigneur, et puisque vous me l'ordonnez, j'aurai pitié de cet homme.

Alors, Alexandre, levant la main en signe de protestation, s'écria :

— Oh! ne vous y trompez pas! Ce n'est pas du tout pour l'achevêque de Cantorbéry que je demande grâce, c'est pour vous!

(1) Proverbes xxviii, 1.

Stupéfait et interloqué, l'orateur resta bouche close, sans pouvoir reprendre le fil de son discours.

Venant à son aide, l'évêque de Chichester prit à son tour la parole, bien témérairement, car, si son collègue était médiocrement versé dans la langue latine, celui-ci l'était encore moins et accumulait solécismes sur barbarismes et barbarismes sur solécismes.

Les sentiments de l'assemblée oscillaient, en l'écoutant, entre le sourire et le bâillement.

Tout à coup, l'évêque orateur, déjà interloqué quelque peu par l'ironie peinte sur tous les visages, fit un barbarisme tel que la société tout entière éclata d'un rire inextinguible.

Honteux et muet, il céda la place à l'archevêque d'York, qui se montra non moins violent, mais plus correct et plus habile.

En terminant, il demanda au pape d'envoyer un légat spécial en Angleterre et d'ordonner à Thomas Becket d'y retourner pour comparaître de nouveau devant ses juges.

— Des ennemis implacables ne sont pas des juges, dit Alexandre III; veuillez, d'abord, attendre que l'archevêque soit arrivé et puisse vous répondre dans un débat contradictoire.

— Nous ne saurions accepter cette proposition, répondirent les barons et les évêques, sans manquer aux termes de notre mandat.

Le lendemain, ils quittèrent Sens, n'ayant pas obtenu la bénédiction de l'apostolique et laissant entre ses mains un mémoire fielleux contre l'exilé.

Comme il l'avait dit, le roi Louis VII était allé au devant du noble proscrit dans la ville de Soissons, où il le reçut avec les marques de la plus grande vénération, puis il l'adressa au pape avec les plus chaleureuses recommandations.

Alexandre, au milieu de toute sa cour, attendait Thomas.

Dès qu'il parut, il l'accueillit comme un frère devant

tous et le fit asseoir en attendant qu'un des compagnons de l'exilé prît la parole en son nom.

Mais tous s'y refusèrent et Thomas se leva pour parler lui-même.

— Restez assis, frère, dit le pape avec bonté, et parlez librement.

— Le ciel, dit Thomas, quoique parcimonieux envers nous, ne nous a pas tellement dénué de sagesse, que nous ayons abandonné sans raison le roi d'Angleterre, nos biens et notre patrie.

« Si nous eussions voulu lui obéir et lui plaire en toutes choses, assurément rien n'eut égalé notre fortune, car tant que nous l'avons fait, il en a été ainsi.

» Mais, dès que nos obligations sacrées nous ont fait prendre une autre voie, nous avons tout perdu.

» Mais, quoi ! pouvions-nous agir ainsi !

» Si, maintenant, nous consentions à retourner en arrière, nous n'aurions besoin d'aucune aide pour recouvrer ses bonnes grâces aussitôt.

» Quand l'Eglise de Cantorbéry, cette lumière des îles occidentales, est cruellement opprimée, quand sa gloire semble éclipsée, j'aimerais mieux braver toutes les morts que de cacher ses maux.

» Mais, afin que nul ne m'accuse d'avoir inconsidérément engagé la lutte, ou seulement pour une vaine gloire, je vous prends à témoins et je vous fais juges, voyez vous-mêmes ce que le roi d'Angleterre a prescrit contre les libertés catholiques et décidez s'il est possible, sans risquer le salut de son âme, de voiler de pareils attentats. »

En pleurant, le primat de Cantorbéry tira de son sein une copie des Coutumes et la tendit au pape.

A haute voix, l'un des évêques lut le manuscrit. Plusieurs fois, le pape en fit recommencer la lecture, ne pouvant en croire ses oreilles, et vérifia lui-même le texte de ses propres yeux.

Alors, transporté d'indignation, il s'écria :

— Sanctionner de pareilles choses, c'était, de la part des évêques et de la vôtre, abdiquer le sacerdoce en rendant esclave l'Eglise de Dieu ! Il fallait savoir mourir !...

Puis, se calmant, il ajouta :

— Pas un de ces abominables articles n'est bon, quoique l'Eglise pourrait peut-être y tolérer quelque chose, si l'ensemble ne ruinait toutes les bases de la société chrétienne.

Aussitôt, le pape se mit à indiquer ce qui serait, à la rigueur tolérable, désignant aussi ce qui, à aucun prix, ne pourrait l'être.

Thomas s'était retiré.

La nuit venait, et elle fut horrible pour lui, pleine de cauchemars affreux et de désespérantes pensées : Il était un misérable ; il avait manqué à tous ses devoirs, à Clarendon, lorsqu'il avait inconsidérément promis au roi d'accepter les Coutumes ; son ministère était frappé d'inutilité ; sa promotion à l'épiscopat était-elle seulement légitime ? Il en arrivait à en douter !...

Dans son trouble, dès le matin, il demanda une audience au pape.

Quand il arriva, le pontife était entouré des seuls cardinaux.

Thomas se jeta à ses pieds et dit :

— Saint-Père, je résigne entre vos mains l'archevêché de Cantorbéry ; je vous supplie d'accepter ma démission et de donner à cette Eglise un plus digne pasteur, plus capable que moi d'apaiser cette tempête ou d'en triompher.

Les compagnons de Thomas se montrèrent consternés à ce spectacle. Quant au pape, il consulta les cardinaux.

Quelques-uns d'entre eux furent d'avis qu'il fallait accepter la démission de Thomas, seul moyen, disaient-ils, de résoudre toutes les difficultés d'un seul coup.

Mais les autres et le plus grand nombre, se récrièrent,

— Accepter, dirent-ils, ce serait sacrifier l'épiscopat tout entier dans la personne du primat, amoindrir l'autorité du Pontife Romain et saper les bases de l'Eglise. Désormais, si Thomas était ainsi sacrifié, quel évêque oserait s'élever contre le césarisme et ses excès?

Le pape se rangea à ce dernier avis et, par son ordre, on fit rentrer dans la salle Thomas et ses compagnons.

— Bien-aimé frère et coévêque, lui dit le pontife, nous voyons maintenant et mieux que jamais, quel zèle vous avez eu et avez encore pour la maison de Dieu, dont vous avez été le rempart inexpugnable. Si votre élection a pu être entachée d'un défaut quelconque, il est effacé par votre humilité et en vertu de mon autorité suprême, je vous rétablis dans vos droits et sans appel. Tant qu'un souffle de vie nous sera laissé, à Dieu ne plaise que notre aide vous manque jamais, à vous qui portez avec nous le poids de la persécution et qui êtes doublement notre frère dans l'épiscopat et dans le malheur.

« Si vous avez été dans l'opulence, vous apprendrez la compassion à l'école de la pauvreté, car c'est aux pauvres de Jésus-Christ que nous vous confions.

» Voici le vénérable abbé de Pontigny que nous avons mandé à cet effet, la table de son couvent n'est pas somptueuse, mais vous y trouverez la simple et frugale nourriture qui convient aux exilés, aux athlètes de l'Eglise.

» Vous ne pourrez emmener avec vous qu'un petit nombre de vos compagnons, les autres seront reçus dans d'autres maisons hospitalières.

» Pour vous, vous resterez à Pontigny jusqu'à ce que brille l'aurore de la consolation. En attendant ce jour heureux, soyez fort et ne cessez pas de résister virilement à ceux qui veulent troubler la paix.[1] »

(1) Codex Vaticanus. *S. Thomas de Cant. Ep.* 1.

Ce fut avec un redoublement de colère, que le roi
d'Angleterre apprit le double échec de ses ambassadeurs
auprès du roi de France et du pape, et le sympathique
accueil que son illustre victime avait trouvé auprès du
monarque et du pontife.

Il se vengea de cette déconvenue en persécutant davantage encore les amis et les parents de Thomas Becket et en
supprimant dans tous ses Etats l'impôt volontaire que payait
la chrétienté au pape, le denier de Saint-Pierre.

XIV

DE SENS A ROME.

Cependant, d'autres événements s'accomplissaient dans le monde, pendant que se déroulait ce drame anglais.

L'ancien cardinal Octavien, l'antipape Victor, avait quitté la Lombardie pour aller prendre triomphalement possession de la ville éternelle.

Déjà il était en Toscane, à Lucques, lorsqu'un mal subit le frappa et l'emporta en quelques heures.

On était au mercredi-saint de cette année 1164. Le cadavre, qu'on voulut ensevelir dans un monastère voisin, fut honteusement repoussé par les moines, mais sur la tombe obscure où les schismatiques déposèrent l'intrus, ils se vengèrent en déclarant sacrilègement qu'il était saint et faisait même des miracles !

Du parti d'Octavien il ne restait plus que deux cardinaux qui, un instant, songèrent à aller se jeter aux pieds du légitime pontife pour implorer leur pardon.

Mais ils revinrent bientôt sur cette généreuse pensée, et l'un d'eux, Gui de Crème, élu par les cardinaux, créés schismatiquement par Octavien, reçut sous le nom de Pascal III les hommages des césariens et la ratification impériale.

Néanmoins, les affaires du pape légitime Alexandre III n'étaient pas négligées à Rome qui, sous l'influence de son fidèle lieutenant, le cardinal-prêtre Jean du titre des saints Jean et Paul, revint à des sentiments meilleurs.

Habile politicien, Jean sut manœuvrer si habilement qu'il provoqua le renouvellement du sénat et la constitution d'une majorité favorable au légitime pontife et suffisante pour tenir les dissidents en respect.

Aussitôt, il organisa une assemblée de clercs et de laïques qui votèrent par acclamation le retour d'Alexandre, et, sans tarder, des messagers partirent pour la France afin d'aller à Sens porter cette bonne nouvelle au pontife.

Le retour est résolu immédiatement, mais, comme l'argent manque pour ce considérable déplacement, on l'ajourne à l'année suivante en attendant qu'on ait fait des collectes, à cet effet, en France et en Normandie.

Cependant, il fallait se hâter, car le peuple capricieux, véritable girouette éternelle, tournant à tous les vents, pouvait se lasser d'attendre et changer d'avis.

On partit, enfin, par la même route par laquelle on était venu et après que le pontife eut solennellement célébré les fêtes de Pâques.

Par précaution, au lieu de se diriger vers le port d'Ostie, on put débarquer à Messine d'abord. Guillaume de Sicile, revenu à de meilleurs sentiments, avait préparé au pontife un accueil triomphal et, sur de splendides vaisseaux, le pape put se remettre en chemin par Salerne et Gaëte, et étant entré heureusement, au mois de novembre, dans l'embouchure du Tibre, débarquer dans sa ville d'Ostie, où Rome entière était accourue pour le recevoir.

Les sénateurs, la noblesse et le clergé étaient là avec un grand concours de peuple, et c'est au chant des hymnes, avec des branches d'olivier à la main, symbole de paix, que le pape est accueilli et conduit en triomphe par la basilique de Saint-

Paul,[1] le long de la voie d'Ostie jusqu'à Rome et au palais de Latran.

Frédéric Barberousse, irrité de ce triomphe, l'un des plus pompeux de l'histoire des siècles passés, écrivit aux cardinaux une lettre injurieuse, dans laquelle on relève ces phrases :

« Dieu n'appartient pas qu'aux Romains, mais à tous. Le culte envers l'empereur comme envers Dieu, nous dit Isaïe, consiste dans le silence. Oiseaux de proie, vous vous abstenez des chairs immolées, mais vous dévorez les chairs impériales... La curie romaine n'est pas le ciel; elle git encore au milieu des fleuves de Babylone. Soyez plus sages et coupez vos langues avec l'épée de Dieu... »

Déjà, dans ces paroles, on sent passer un avant-goût du souffle futur de Luther.

L'année 1166 s'était ouverte, et le César germanique convoquait une diète à Wurtzbourg pour exalter son nouvel antipape, Pascal.

Pendant ce temps-là, l'évêque de Londres et celui d'Oxfort étaient envoyés en Italie par Henri II pour sommer le pape de déposer Thomas Becket, sous peine de schisme immédiat. Mais au lieu d'aller à Rome, ils s'arrêtèrent en Allemagne et prirent part à la diète de Wurtzbourg où ils jurèrent fidélité à l'antipape.

Alexandre, à cette nouvelle, menace Henri II d'excommunication, et le roi d'Angleterre désavoue la conduite de ses envoyés.

En Italie, Raymond de Tusculum qui combattait contre le pape, voyant les Romains se mettre en résistance contre

---

(1) Saint-Paul-Hors-Les-Murs, sur la voie d'Ostie. Magnifique basilique, la quatrième majeure, bâtie par Constantin sur la tombe de saint Paul. Incendiée par imprudence en 1823, elle a été rebâtie avec la même magnificence par Grégoire XVI et Pie IX, avec l'aide du monde catholique tout entier, au prix d'une vingtaine de millions.

lui et menacer ses Etats, appelle à son secours Frédéric Barberousse qui envoie des troupes commandées par l'archevêque intrus de Cologne et le redoutable et sanguinaire archevêque également intrus de Mayence, et les premiers engagements infligent aux Romains une sanglante défaite.

Rome se retranche et ferme ses portes, et bientôt l'empereur vient assiéger la ville avec des forces formidables.

La basilique de Saint-Pierre est incendiée, le pape s'enfuit du Latran et se réfugie avec les cardinaux dans les forteresses urbaines des Frangipani, dont l'antique Colysée était une des principales.

Tout paraissait perdu. Le roi de Sicile envoie des vaisseaux légers porter des secours d'argent au pape qui, heureusement, les reçoit, malgré tous les obstacles.

Cependant l'empereur, jugeant Rome à l'extrémité, envoie proposer aux Romains d'obtenir la démission d'Alexandre III, offrant en retour celle de l'antipape Pascal, en vue de la nomination d'un troisième pape, qui rétablirait la paix et l'unité de l'Eglise. Il promet en outre de respecter toutes les ordinations faites et de ne plus se mêler désormais des élections pontificales. En même temps il rendra aux Romains toutes les dépouilles et tous les prisonniers.

Un instant, les cardinaux et les évêques hésitent, ils délibèrent et, enfin, envoient à l'empereur cette réponse :

— Il ne nous appartient pas de juger le Souverain Pontife. Ce jugement n'appartient qu'à Dieu. « Le disciple n'est pas au-dessus du maître.[1] »

Le peuple, cependant, massé au-dehors, demande à grands cris qu'on accède aux volontés de l'empereur.

---

(1) Luc. VI. 40. — Il est de tradition dans l'Eglise, qu'un pape ne peut être jugé que par lui-même. Cette coutume existait dès les premiers siècles, comme nous l'avons vu lorsque le pape Marcellin fut invité par l'Eglise à expliquer pourquoi il était entré avec Dioclétien dans un temple païen et y avait brûlé de l'encens.

Désespérant de calmer cette tempête, Alexandre, déguisé en pèlerin, s'enfuit avec quelques cardinaux, sort secrètement de Rome et après plusieurs jours de marche, arrive à Gaëte où il se montre en habits pontificaux et est acclamé par les populations conduites par leurs évêques.

Barberousse, à cette nouvelle, se livre aux transports d'une colère que remplace bientôt une profonde consternation à la pensée que le pape allait peut-être parcourir l'Europe et coaliser les rois contre lui.

Tout à coup, une épidémie se déclare dans les rangs de l'armée allemande et, en quelques jours, le césar voit mourir à ses côtés les principaux seigneurs de sa suite.

Les autres, effrayés par les progrès du mal, battent en retraite et, bientôt, l'armée tout entière fuit devant le fléau, jonchant les routes de bagages, d'armes et de cadavres.

Les cités lombardes qui se souviennent des excès, récents encore, de ces Teutons contre elles, se réjouissent de leurs revers et les harcèlent sans pitié jusqu'à ce qu'ils aient repassé les monts.

Du fond de son exil, Thomas Becket écrit au pape exilé mais triomphant, pour le féliciter d'avoir reçu du Ciel ce secours inattendu.

Il débarqua dans sa ville d'Ostie,
où Rome entière était accourue pour le recevoir. (P. 101.)

XV

Au milieu de ses tribulations, le Pontife n'oubliait pas le primat d'Angleterre qu'il savait être plus que jamais en butte aux persécutions du roi et aux calomnies de ses collègues césariens.

Les évêques anglais qui, on s'en souvient, dans la chambre du conseil royal, avaient naguère, par la bouche de l'un d'eux, renié l'autorité primatiale de Thomas et déclaré ne plus relever que de celle du pape, apprirent avec colère une nouvelle qu'ils s'empressèrent d'annoncer au roi.

Le pape venait de nommer Thomas légat apostolique universel pour l'Angleterre, l'archevêché d'York excepté, avec tous les pouvoirs pontificaux inhérents à cette charge.

Aussitôt, du fond de son exil, Thomas Becket se mit à l'œuvre et désormais ses courriers ne firent qu'aller et venir entre le monastère de Pontigny et les diocèses anglais tant du continent que de l'île Britannique.

Terrifié à la seule idée d'encourir une excommunication, Henri II dut subir ce nouvel ordre de choses voulu par le pape dont il craignait beaucoup le pouvoir spirituel.

Le tyran, cependant, ne laissait pas de faire le plus d'opposition possible aux actes de l'active sollicitude du nouveau légat et, officiellement, il ne cessait d'en entraver les ressorts, mais en vain, grâce à l'habileté des moyens employés par les serviteurs du primat.

Thomas, qui avait déjà prononcé de nombreuses excommunications, était sur le point de prononcer celle du roi.

A cette nouvelle, Henri II s'indigne, rassemble les évêques à Chinon, se plaint amèrement de Thomas, et, pour la deuxième fois, traite de lâches ceux qui se disent ses amis et n'ont pas le courage de le débarrasser de ses ennemis. Les évêques anglais décident d'en appeler au pape, pour suspendre une sentence qu'il a déjà ratifiée d'avance.

Thomas lui-même les détrompe, et, en justifiant ses actes, leur démontre l'inanité de tout appel.

Mais Henri II agissait d'autre part. Il essayait de terroriser les moines de Cîteaux pour les déterminer à expulser de Pontigny Thomas Becket.

Enfin, il les somma d'obéir sous peine d'expulsion de tous leurs frères de toute l'étendue du royaume d'Angleterre.

Thomas dût quitter son refuge et vint demander asile au roi de France.

Louis VII, en recevant l'illustre proscrit, leva les yeux au ciel et s'écria amèrement :

— O religion! religion! où donc es-tu? Ceux que nous estimions morts au monde redoutent maintenant la perte des biens auxquels ils ont renoncé par leurs vœux monastiques! pour des choses caduques dont ils professent le mépris, les voilà, démentant leur doctrine, délaissant l'œuvre de Dieu, rejetant de leur demeure l'œuvre de Jésus-Christ! Ah! s'ils étaient témoins de pareilles choses, que diraient les grands saints, leurs illustres aïeux!

Sous la protection de Louis VII, Sens fut assigné comme résidence à Thomas Becket.

Cependant, Henri II eut l'audace de protester contre ce droit d'asile et, trompé dans son espérance de voir son ennemi retomber entre ses mains faute d'un toit où reposer sa tête, il le réclama comme son prisonnier au roi de France en l'accusant d'attenter à sa majesté.

— Ce n'est pas moi, répondit fièrement Louis VII, qui livre l'Oint du Seigneur; que l'insulaire essaye, s'il ose, de venir le chercher lui-même dans mon royaume.

De son côté, Thomas écrivait à son persécuteur une lettre touchante pour l'assurer de son invincible amour et le supplier de se réconcilier avec l'Eglise.

Mais une douleur d'un autre genre allait briser le cœur de l'archevêque de Cantorbéry.

Comme un coup de foudre, la nouvelle lui parvient que le pape, non seulement vient de garantir le roi d'Angleterre contre toute excommunication de la part du primat, mais encore de suspendre l'effet des excommunications prononcées jusqu'ici par lui; il apprend, en outre, que l'autorité pontificale vient de soustraire l'Angleterre à la juridiction de Cantorbéry dont l'archevêque sera prochainement déposé.

Instruit à la rude école de l'adversité où il a appris combien il est insensé, comme le dit l'Ecriture, d'avoir la moindre confiance aux hommes, quels qu'ils soient et si grands soient-ils,[1] Thomas ne s'étonne pas, mais il est consterné, et ses compagnons restent frappés comme d'un coup de tonnerre.

Il écrit aussitôt au pape pour lui demander compte d'un pareil abandon. C'est une agonie qu'il souffre, une agonie de crucifié et, comme Jésus sur la croix, il jette au pontife le

______

(1) « *Nolite confidere in principibus neque in filiis hominum, in quibus non est salus.* »

cri du suprême désespoir qui n'attend plus rien, même du ciel : « Mon Père! mon Père! pourquoi m'avez-vous abandonné![1] » Mais, que le pape ne s'y trompe pas, ajoute-t-il, le trône de Cantorbéry et celui de Saint-Pierre se touchent; ébranler l'un c'est ébranler l'autre; l'Eglise est une, et ce qu'elle subit ici, elle en souffre ailleurs. Quant à lui, certes, il se gardera bien d'aller se justifier en Angleterre. Qu'est-il, maintenant, d'ailleurs? rien; car son autorité s'est écroulée avec fracas à la consternation de ses amis et de l'Eglise catholique de France et d'Angleterre, tandis que ses ennemis exultent et chantent déjà ses funérailles.

Cette fois, devant les yeux du grand proscrit, avait passé un nuage terrible et sanglant; c'était la vision du dernier degré de son calvaire, le martyre.

Le fond des choses, cependant, n'était pas ce que Thomas et tout le monde en voyait. Tout cela était l'œuvre d'une odieuse intrigue anglaise habilement menée par l'évêque d'Oxford.

L'or anglais a suborné de bas auxiliaires dans l'entourage du pontife, et le pape lui-même a été odieusement trompé au point de faire les concessions les plus dangereuses et d'envoyer en Angleterre, pour terminer le litige, deux nouveaux légats dont l'un est l'ennemi juré de Thomas, le cardinal Guillaume de Pavie, louche caractère qui penchait également entre le parti du pontife et celui de Frédéric Barberousse, le tyran germanique.

Alexandre III, il est vrai, ne faisait pas ces concessions sans une certaine inquiétude de conscience et, en adjoignant à ce légat dangereux un autre cardinal d'un caractère plus sûr, il exige du premier les promesses les plus explicites et les serments les plus graves au sujet de sa mission.

(1) Matth. xxvii, 46.

Mais les politiciens, en aucun temps, n'ont jamais connu et ne connaîtront jamais, dépourvus qu'ils sont naturellement de toute ombre de sens moral, la valeur d'aucune promesse ni le respect d'aucun serment. En dépit de toutes les précautions, le mal sera déchaîné.

En outre, le pontife prenait soin de faire savoir à Thomas Becket, ses intentions : c'était sa cause qu'il entreprenait de gagner devant le roi, c'était son rétablissement dans tous ses droits qu'il poursuivait. Les légats n'étaient pas des juges, mais des avocats dévoués; au fond, il ne voulait faire aucune concession; bien plus, il invitait Thomas à se montrer plus que jamais énergique, pour venger, avec sagesse, et ses injures personnelles et celles que l'Eglise avait subies.

Après ces explications, nul doute ne pouvait subsister. Les intentions du pape étaient excellentes, mais comme toutes les grandes âmes, comme Thomas lui-même, il était victime des fourbes et, loin d'avoir produit un bien, les moyens employés avaient déchaîné les plus grands maux.

Les légats, cependant, étaient partis, porteurs de deux lettres pour Thomas, d'une pour le roi d'Angleterre, et d'une pour le roi de France, exprimant les sentiments et les intentions du pontife.

Ils passèrent d'abord par la France, mais Thomas ne put se méprendre aux perfides paroles du cardinal Guillaume de Pavie; il comprit que cet homme était son ennemi le plus acharné et traître d'avance à sa mission, à la confiance du pape, à ses promesses et à ses serments les plus solennels.

Sans tarder, Thomas le dénonce au pontife et le démasque sans pitié :

« Sache votre Sainteté, écrit-il au pape, que tout ce que

nous lui avions mandé s'accomplit à la lettre. Vous me donnez l'espérance, et cette espérance est une illusion qui ne m'est plus permise. Le roi d'Angleterre vous a dicté des ordres qui nous livrent, au mépris de toute justice, à un homme qui cherche à trafiquer de notre sang pour son propre avantage.[1] »

Et au cardinal Otton, compagnon de Guillaume de Pavie, Thomas déclare :

— Sachez que, de l'aveu de tous, votre collègue s'est donné la tâche d'étouffer l'Eglise sous nos dépouilles et de jeter de nouveau Pierre dans les fers.[2]

Pendant ce temps là, les rois de France et d'Angleterre se déclaraient la guerre, tandis que le pape faisait tous ses efforts pour arrêter cette nouvelle calamité et chargeait ses légats de s'y employer de toutes les manières, leur enjoignant en outre, de n'entrer en relations avec Henri II que lorsque Thomas aurait été pleinement réintégré dans les bonnes grâces du roi.

Guillaume de Pavie, le légat félon, cependant, continuait ses œuvres de haine, et, par ses ruses, obtenait du pape des pouvoirs qu'il se réservait d'employer à la fois contre le roi de France et Thomas Becket.

Celui-ci ne se lassait pas, de son côté, de dénoncer au pape ces menées ténébreuses.

— Je ne supplie pas, s'écrie-t-il, je ne m'abaisse pas à de larmoyantes prières ; j'en appelle à la justice de Dieu ; car, je le demande à votre sainteté, est-ce pour nous récompenser de nos fatigues, de nos labeurs et de notre exil, que nous sommes sans protection et sans défense, ballotté entre deux juridictions, nous qui avons osé résister au plus féroce oppresseur de l'Eglise pour la défense de

(1) Codex Vaticanus. *Ep.* II, 11.
(2) Ibid. II, 18.

nos libertés sacrées. Mais vous, levez-vous, ô mon Dieu, prenez en vos mains votre cause et vengez le sang de vos serviteurs !

Mais, bientôt, les yeux s'ouvrirent et le pape, enfin éclairé, révoquant ses légats, leur ordonna, en leur retirant leurs pouvoirs, de revenir incontinent à Rome.

Avant d'obéir, ils voulurent voir une dernière fois le roi d'Angleterre.

— Qu'ils s'en aillent ! s'écria Henri, de ma vie je ne veux plus même entendre parler d'un cardinal !

Il les vit, cependant ; Guillaume de Pavie et lui pleurèrent ensemble sur la ruine de leurs projets et, un sourire ironique sur les lèvres, le cardinal Otton entendit ce forcené qui, naguère avait menacé de se faire juif ou musulman s'il n'obtenait du pape vengeance contre Thomas Becket, les supplier d'intervenir auprès d'Alexandre III afin qu'il ne fut pas excommunié.

Il venait, du reste, d'écrire au pape que jamais il ne prêterait la main à la déposition de Thomas Becket.

Les légats partirent, et le roi de France entreprit, à son tour, de négocier la réconciliation du roi et du primat.

Par ses soins, Henri II fut invité et consensit à une entrevue devant Louis VII son suzerain et plusieurs autres personnages.

Thomas Becket se prosterna aux pieds du roi et lui dit :

— Seigneur roi, que la paix soit entre nous ; la cause entière de nos dissensions, je la remets à votre seul jugement sans autre restriction que l'honneur même de Dieu.

— Vous êtes un orgueilleux et un révolté ! s'écria Henri II ; oui, car vous n'avez jamais payé les bienfaits dont je vous ai comblés que par la plus noire ingratitude !

Et, se tournant vers Louis VII :

— Vous le voyez, sire, dit-il, cet homme me tend un piège ; tout ce qui lui déplaira, il ne manquera pas de le déclarer opposé à l'honneur de Dieu ; ne voulant même pas lui laisser un prétexte, je lui demande seulement de m'accorder ce que le plus saint et le plus illustre de ses prédécesseurs a fait pour le moindre des miens et je lui laisse la paix.

Rappeler de cette manière les douleurs de l'illustre Anselme de Cantorbéry, c'était du cynisme.[1] Cependant les courtisans s'écrièrent :

— Le seigneur roi est la bonté même de s'humilier à ce point !

Louis VII, qui ignorait la portée de cette double fourberie, voyant Thomas rester silencieux et comme saisi de stupeur, lui dit :

— Seigneur archevêque, prétendez-vous l'emporter en sagesse sur vos saints prédécesseurs et même en dignité sur Pierre ? Pour quelle raison hésitez vous ? Repousserez-vous la paix qui frappe à votre porte ?

— Je l'avoue, dit Thomas, plus grands et meilleurs que nous, étaient ceux qui nous ont précédé. Ils ont fait ce qu'ils ont pu, selon leur temps. A leur exemple, nous avons été leurs imitateurs afin de participer à leur récompense. Si quelques-uns n'ont pas atteint le but, si d'autres l'ont dépassé, nous n'avons pas à suivre de tels exemples. Si nous blâmons Pierre reniant le Christ, nous célébrons la gloire de Pierre bravant la tyrannie de Néron et préparant ainsi les sublimes destinées de l'Eglise. Nos pères, les martyrs, ont tout enduré pour le nom du divin Maître, ce n'est pas à nous à laisser flétrir ce nom sacré pour récupérer les faveurs d'un homme. Non, non ! jamais, jamais !

(1) Voir notre xix⁰ vol. LA BURE ET LA CROSSE, pour l'histoire de saint Anselme de Cantorbéry qui a tant de ressemblance avec celle de S. Thomas Becket.

— Voilà, dit un courtisan, une réponse qui met le seigneur archevêque en opposition avec deux royaumes, et la France aurait bien tort de lui accorder plus longtemps une hospitalité que l'Angleterre lui refuse avec raison.

L'archevêque de Cantorbéry se tût au milieu de ses amis consternés et, sans même le saluer, les deux rois remontant à cheval, le laissèrent en butte aux railleries et aux insultes des courtisans.

L'âme brisée, Thomas Becket suivit, étape par étape, le roi de France, tantôt insulté, tantôt acclamé par les populations qu'il traversait.

A la fin du troisième jour, un héraut se présenta devant Thomas et lui dit :

— Seigneur archevêque, le roi de France vous mande à sa cour.

Les compagnons de Thomas, le désespoir dans l'âme, murmurèrent :

— Assurément, c'est pour nous expulser du royaume.

— Vous n'êtes ni prophètes ni fils de prophètes, dit doucement Thomas; ne voyez pas le ciel plus noir qu'il ne l'est.

Louis VII était assis, d'un air triste, et ne se leva pas à l'entrée du primat, comme c'était la coutume. Il semblait livré à un combat intérieur qui le faisait osciller, incertain, entre la rigueur et la clémence.

— Nous sommes perdus, pensèrent Thomas et ses compagnons.

Tout à coup, le roi de France se leva, le visage baigné de larmes et, se prosternant aux pieds de l'archevêque, en gémissant, il lui dit :

— Seigneur et père, en vérité, en vérité, vous seul avez vu clair !

— Sire, dit Thomas, relevez-vous, relevez-vous.

— Vous seul avez vu clair, répéta Louis VII ; nous autres, nous étions des aveugles quand nous vous conseillions de délaisser votre cause qui est bien celle de Dieu, pour complaire à un homme. Seigneur père, j'ai commis une vraie faute ; pardonnez-moi, absolvez-moi, je vous en prie ; ma personne et mon royaume sont désormais à vous comme à Dieu ; tant que je vivrai, ni vous ni les vôtres ne manquerez de quoi que ce soit.[1]

L'archevêque ému leva les mains au ciel, puis, les abaissant sur le roi, il dit :

— Que le Nom du Seigneur soit béni dans tous les siècles, ce Nom qui est notre puissance ! Sire, que le Dieu tout-puissant vous bénisse, Père, Fils et Saint-Esprit. *Amen.*[2]

Et le roi et le primat s'étant donnés le baiser de paix, Thomas revint à Sens où la munificence royale pourvut à tous ses besoins.

Pendant ce temps-là, Henri II ayant appris ce qui venait de se passer, envoya porter ses plaintes au roi de France sur sa conduite en cette circonstance.

— Si le roi d'Angleterre, répondit Louis, refuse de renoncer à ses soi-disant Coutumes contraires à la loi de Dieu, mais dont son intérêt seul est jaloux, qu'il ne trouve pas mauvais que, moi-même, observant les glorieuses traditions de mes aïeux et de la France, je garde la coutume royale et française d'accueillir, de protéger et de défendre les malheureux, les opprimés et les proscrits,

(1) *Hist. Quadripart.* L. ii, ch. 25.
(2) Codex Vaticanus. *S. Th. de Cant.* Ep. iii, 10.

surtout ceux qui souffrent pour la cause de la justice. Moi vivant, nul ne me fera déroger à ce devoir héréditaire surtout envers un exilé aussi illustre que le primat de Cantorbéry. Allez, et surtout dites bien cela, de ma part, au roi d'Angleterre.

XVI

Il est des hommes dont la haine ne veut pas connaître de défaite. Le roi d'Angleterre était un de ceux-là.

On était en l'an 1169. Sur les routes qui allaient, à travers les terres et les mers, d'Angleterre en Italie, on ne rencontrait que des légations royales et pontificales.

Maintenant, Henri II n'avait qu'un but : obtenir du pape un ordre qui délogeât Thomas Becket de son asile de France.

Pour cela, il songe à corrompre toute l'Italie ; les Milanais, les Parmesans, les Polonais, les Crémonais reçoivent l'offre de sommes considérables pour leurs besoins municipaux, s'ils veulent s'intéresser à sa cause auprès du pape ; Henri II fait briller l'or aux yeux de tous les cardinaux, il a même l'audace de vouloir acheter le pape et ose lui offrir dix mille marcs d'argent par l'entremise du roi de Sicile, s'il veut appeler Thomas à Rome et l'en délivrer à tout prix, fut-ce par une translation de siège.

Thomas qui n'ignore rien de ces choses et qui connaît par expérience la faiblesse des hommes, ne cesse d'écrire des lettres où il démasque toutes ces manœuvres et leur véritable but.

Ce qu'on veut, il ne cesse de le répéter, c'est son sang, rien que son sang. Qu'a-t-il fait à toute l'Italie pour qu'on la croie capable d'en trafiquer? A chaque cité il demande par avance compte de sa lâcheté possible en face des tentations immondes de l'or.

Le pape, cependant, nomme deux nouveaux légats intègres pour aller en Angleterre essayer de concilier honorablement les choses. S'ils échouent, alors, Thomas sera libre de mettre le royaume en interdit et d'excommunier le roi. Par les serments les plus solennels, les légats s'engagent, à ne pas recevoir le moindre subside du roi et à ne pas dépasser leur mandat.

Comme les précédents, ils passèrent en France porteurs d'une lettre pour Thomas, et s'en furent ensuite trouver le roi d'Angleterre, qui se trouvait à Argentan.

L'un de ces deux honorables légats, était Gratien, neveu du pape Eugène III, l'autre était un procurateur notaire de l'Eglise romaine et se nommait Viviani.

Le roi les reçut en compagnie de cinq témoins dont les évêques de Séez et de Rennes.

Comme toujours, il voulut l'emporter et l'entretien se partagea entre le calme et la tempête. Enfin, dans un accès de colère, Henri s'écria :

— Le pape a toujours été mon ennemi et jamais il n'a voulu se rendre à mes prières. Mais, par les yeux de Dieu! je sais ce que j'ai à faire!

— Vous nous menacez, je crois, dit Gratien avec un sourire; ne perdez pas ainsi votre temps; nous sommes au-dessus des menaces, nous qui commandons aux rois et aux empereurs.

— Faites entrer les barons et les moines de ma chapelle, ordonna le roi.

Les portes s'ouvrirent et la cour entra.

— Je vous somme, dit Henri aux nouveaux venus,

d'être témoins que j'offre aux légats, ici présents, de faire la paix avec l'archevêque de Cantorbéry et de le rétablir sur son siège. Que les légats réfléchissent et, dans huit jours, nous en délibérerons définitivement.

Les huit jours écoulés, devant la même assemblée, à laquelle s'étaient joints les évêques de la Normandie et les archevêques de Rouen et de Bordeaux, après d'orageuses discussions, le roi déclara qu'il exigeait d'abord que toutes les excommunications prononcées par Thomas fussent annulées sans condition.

Les légats, à bout de patience, finirent par accorder ce point.

— Je consentirai donc, dit le roi, au retour de l'archevêque de Cantorbéry... sauf les droits et l'honneur de ma couronne.

Rien ne pouvait se faire avec cette restriction.

— Songez, lui dit un sage conseiller, que votre résistance est périlleuse, sire; les légats ont des pouvoirs illimités.

— Je le sais, répondit Henri bouillant de colère; ils m'excommunieront, ils jetteront l'interdit sur mon royaume; une tête de clerc sera-t-elle donc pour moi plus imprenable qu'une ville ennemie?

— Adieu, frère, dit Gratien à son collègue, je n'ai plus rien à faire ici, ma mission est terminée, je retourne à Rome.

— Je reste, dit Viviani, tout n'est pas perdu, peut-être.

Mais, désormais, sa mission officielle expirant avec le départ de son collègue, Viviani ne pouvait plus agir qu'en son nom personnel.

Il arrangea, néanmoins, une entrevue entre Henri II et Louis VII à Saint-Denys et pressa Thomas d'y assister. Mais le primat répondit par une sévère leçon :

— Le temps de votre légation est expiré, lui écrivit-il, et vous n'avez plus aucun pouvoir réel. Plaise à Dieu que vous n'ayez pas déjà compromis les intérêts engagés, l'autorité du pape et mes droits. Je ne sais quelle est la source de vos pouvoirs actuels, ce que je sais c'est qu'ils ne sont plus canoniques et que j'en récuse la compétence.[1]

Le légat, cependant, était de bonne foi; l'entrevue eut lieu en l'absence de Thomas et n'aboutit qu'à démontrer a Viviani l'inutilité de ses efforts devant la mauvaise foi d'Henri II.

— Jamais, non jamais, s'écria-t-il, je n'ai vu de ma vie un homme aussi menteur et aussi fourbe que le roi d'Angleterre !

Pourtant, Thomas et le roi se rencontrèrent à Mont-Martre, peu après.

— Sire, dit Thomas, je vous conjure, au nom de Dieu et de son Vicaire, de me rendre ce qui est mon droit, et je m'engage à vous rendre, de mon côté, tous les devoirs qu'un archevêque doit à son roi.

Les évêques et archevêques présents joignirent leurs instances aux paroles du proscrit, et le roi répondit :

— Eh bien! soit, je m'en rapporte au jugement du roi de France, de l'Eglise des Gaules et des professeurs de Paris.

— Je le veux bien, dit Thomas, mais je préférerais que, sans contestation, nous terminions plutôt tout par une entente amicale. Qu'avons-nous besoin de tribunaux?

Et, tendant les bras au roi, l'archevêque de Cantorbéry lui offrit le baiser de paix en gage de confiance.

Henri se recula et dit :

— Non, j'ai fait serment de ne jamais vous donner ce gage d'affection; il faut que nous nous en rapportions à d'autres juges que nous.

Thomas, alors, reprit la route de Sens.

Henri II, dépité de n'avoir pu tromper le légat, lui fit remettre une bourse pleine d'or.

____

(1) Codex Vaticanus, S. _Th. de Cant._ Ep. III, 10.

Viviani, offusqué de cette tentative de compromission ou de corruption, renvoya fièrement la somme avec ce billet :

— Sire, j'ai poussé l'amour de votre bien jusqu'à me faire blâmer par des hommes qui voyaient clair ; c'est pour me récompenser, sans doute, de mon dévouement, que vous tentez de me déshonorer ! Je vous renvoie cet argent et j'y ajoute un conseil, gratis : recueillez-vous ; acceptez les généreuses avances de l'archevêque de Cantorbéry, rendez-lui son siège et ses honneurs, et recevez son baiser de paix avant qu'il soit trop tard, car le temps est court, l'interdit est suspendu sur votre royaume et l'excommunication sur la tête de ceux dont les noms sont écrits au livre de la justice.[1]

Le légat, alors, reprit le chemin de Rome et le pape, dans sa patience peut-être mal informée encore, envoyait une dernière légation, chargeant de cet office deux moines pris en dehors de la curie pontificale.

Cette fois, c'était en termes comminatoires que ceux-ci devaient parler, s'ils n'étaient pas autrement écoutés.

Le dénouement de ce long drame approchait. On était en l'an 1170.

Une nouvelle complication allait surgir. Le roi d'Angleterre voulait faire couronner son fils, et, au mépris du droit et des prérogatives, à cet effet, du primat de Cantorbéry, avait désigné, pour cet office, l'archevêque d'York.

Aussitôt, le pape interdit le couronnement jusqu'à ce que Thomas fut en état d'y procéder lui-même sur son siège de Cantorbéry, menaçant de déposition sans appel l'évêque ou l'archevêque qui oserait célébrer la cérémonie du sacre.

Sur l'ordre du pontife, Thomas, de son exil, lance la même interdiction à l'archevêque d'York.

Mais Henri avait résolu de passer outre, et l'archevêque d'York, assisté des évêques de Londres et de Salisbury, cou-

(1) Codex Vaticanus. *Ep.* III.

ronna le jeune prince, lui imposa les mains et l'onction avec la pompe ordinaire, dans la chapelle royale de Westminster.

On a dit à Thomas que, cette fois encore, le pape et la curie romaine ont fermé les yeux sur cet attentat nouveau à sa juridiction primatiale.

Indigné, il ose écrire à Rome ces paroles cinglantes comme un coup de fouet :

— Je ne sais, en vérité, comment cela se fait ; la cause du Seigneur, une fois de plus, a été débattue devant la curie romaine, et, une fois de plus, Barabbas échappe et le Christ est sacrifié ! [1]

Avec moins d'amertume, mais non moins de vigueur, plusieurs évêques et archevêques de France envoient, en même temps que lui, leurs protestations indignées à la curie pontificale.

Alexandre III, alors, se défend, se justifie, menace ceux qui ont désobéi à ses ordres, des plus terribles censures et, de nouveau, il envoie des légats en Angleterre avec les plus sages recommandations et de nouvelles menaces au roi.[2]

---

(1) Codex Vaticanus. V. 21.

(2) La mémoire d'Alexandre III, malgré les apparences, est indemne, est-il besoin de le dire, de toute infamie en ces conjonctures singulières. Thomas Becket apparaît comme un homme extrêmement jaloux de ses droits les plus étendus et d'une combativité qui n'est pas dénuée de quelqu'exagération. L'excès de son malheur excuse la sévérité de ses jugements sur la cour de Rome qui, de tout temps, fut politicienne même à l'excès, et de nos jours encore, prise peu la manière à grand fracas, particulière à certains évêques, dont le tempérament bouillant, prenant prétexte des droits de l'Eglise, font beaucoup plus de mal que de bien à la cause qu'ils croient servir, de très bonne foi d'ailleurs.

Rome a toujours été ennemie des éclats — « Patiens quia œternus », telle est la devise de la curie romaine dans tous les siècles, et elle ne manque guère à cette ligne de conduite que lorsqu'il y va de ses intérêts immédiats. Autrement, médiatrice de l'Univers, elle en envisage généralement les tempêtes avec le calme de l'habitude. Thomas Becket et Alexandre III étaient les deux tempéraments opposés. Toutefois, il est juste de remarquer que, dans l'état des choses, à cette époque, en

C'est l'interdit qui va être lancé par le pape sur le royaume; c'est l'excommunication qui va frapper le roi.

De son côté, Thomas lance une circulaire annonçant que, lui-même, lancera l'interdit avant trois semaines.

Cette fois, Henri II s'alarme; il demande à voir les légats pour s'entendre avec eux et se soumettre.

Ceux-ci viennent prendre l'avis de Thomas qui leur dit, en son rude langage :

— Que le Seigneur vous guide sur la voie droite et royale; que votre prudence et votre sincérité méprisent promesses, menaces et artifices. Vous allez vous trouver devant un être dont nul n'a jamais évité les pièges; qui sait si vous vous n'aurez pas à lutter contre les bêtes, les pires bêtes, sortant du sanctuaire même et qui s'identifieront avec lui pour vous dévorer. Démasquez hardiment toutes les astuces de ce Protée insaisissable; sachez que toute parole est un mensonge, le fait seul est vrai. S'il remporte sur vous le plus petit succès, vous serez noyés dans son mépris et celui de ses courtisans. S'il ne peut triompher de vous, sa colère n'aura pas de bornes; cette fureur même sera un mensonge, l'un de ses profils est un serment, l'autre est un parjure. Soyez inébranlables et c'est à ce seul prix que vous le terrasserez.[1]

Habiles et tenaces, froids et patients comme des moines qu'ils étaient, les légats suivirent cet avis et s'en trouvèrent bien. Le roi consentit à une entrevue avec Thomas, dans une prairie d'une villa royale, entre la Normandie et la Touraine, prairie qui avait, hélas! un nom fatal que les événements n'allaient pas faire mentir.

admettant même que le primat de Cantorbéry eut exagéré son attitude, celle d'Alexandre III aurait pu et dû même être plus éclairée et surtout plus énergique, plus en faveur d'une grande âme, vis-à-vis de laquelle un Grégoire VII eût tenu une tout autre conduite.

(1) Ibid. *Ep.* V. 12.

On l'appelait « le champ de la trahison. »

Thomas et les légats attendaient déjà lorsque le roi d'Angleterre parut et, se détachant de ceux qui l'accompagnaient, de loin salua le premier et montra une douceur et un abandon qui surprirent tout le monde et arrachèrent des larmes de joie aux moins sensibles.

Bien plus, comme Thomas Becket était descendu de cheval pour se prosterner aux pieds du roi, en loyal sujet, Henri, tenant l'étrier, l'obligea à remonter en selle.

Il promit tout ce que l'on désira, offrit de faire recélébrer par Thomas la cérémonie du sacre de son fils et parla de la manière la plus touchante du pape et du roi de France ; puis il ajouta :

— Que faut-il de plus, seigneur archevêque ? revenons à notre ancienne amitié, oublions nos haines récentes, faisons-nous l'un à l'autre le plus de bien possible. Je demande maintenant et j'accepte vos hommages, à cause de ceux qui nous observent.

Et à ceux-ci, il dit :

— Je serais le dernier des hommes et mes détracteurs triompheraient, si je ne répondais pas aux bons sentiments du seigneur archevêque par de bons procédés. Oui, je répondrai à ses avances et je veux même le vaincre en générosité.

Les évêques vinrent ensuite prier Thomas, de la part du roi, de leur exposer ses revendications.

Sa réintégration sur son siège et dans tous les biens de l'église de Cantorbéry ; la paix pour tous ceux qui lui étaient restés fidèles dans le malheur ; réparation de l'injure faite à sa juridiction par le couronnement du jeune prince royal ; voilà ce que Thomas demanda en échange de sa soumission et de son amour de fidèle sujet pour son roi.

Henri promit tout et confirma sa promesse par écrit, donnant des ordres pour que tout fût rétabli dans l'état où étaient toutes choses trois mois avant que le primat quittât le sol de l'Angleterre, non seulement pour le primat mais pour tous les siens.

Le ciel était redevenu pur et Thomas, tout à sa joie, en faisait part à tous et surtout aux amis qu'il comptait dans la curie pontificale.

C'était donc une aurore de victoire et de paix qui se levait pour cet athlète au cœur brisé.

XVII

LE RETOUR DU PROSCRIT.

Pendant ce temps-là, le pape Alexandre alors à Verulum, près de Rome, écrivait à Thomas Becket pour l'assurer une fois de plus de son affection pour sa cause qu'il avait toujours, malgré toutes les apparences contraires, faite sienne, et lui expliquer les retards et les lenteurs de ses procédés.

Il excommuniait, en même temps, les trois évêques ennemis jurés du primat d'Angleterre et transmettait à ce dernier la teneur de l'excommunication.

Le pape ne sait pas encore ce qui vient de se passer et il écrit à Thomas :

« L'amertume abreuve notre cœur en songeant à vos labeurs, à vos tribulations, à vos angoisses, depuis si long-temps et si vaillamment supportés pour la justice et la vérité.

» Notre seule consolation est dans le beau spectacle que vous donnez au monde chrétien par la sublimité de vos vertus.

» Cependant tout a un terme; le moment est venu d'abattre l'orgueil impie de nos ennemis. Frappons, le temps de la patience est passé.[1] »

(1) Codex Vaticanus. Alex. III. Ep. V. 22.

Sur ces entrefaites, un courrier trouve le pape à Tusculum et lui annonce l'heureuse nouvelle de la réconciliation du roi et du primat d'Angleterre.

Aussitôt, Alexandre III écrit à Henri II :

« Notre vénérable frère Thomas, archevêque de Cantorbéry, nous apprend par une lettre, que, laissant de côté toute amertume et toute récrimination, vous lui avez rendu vos bonnes grâces.

» Nous sommes d'autant plus heureux de cette nouvelle, que nous savons combien la paix rétablie doit être agréable à Dieu, honorable pour vous, avantageuse à votre royaume et à votre salut.

» L'archevêque se distingue par une religion, une prudence, une sainteté si éminentes, qu'il ne saurait manquer de procurer à vos peuples et à vous-même le plus parfait bonheur.

» Cependant, bien qu'il n'en soit pas question dans son message, il est une chose que nous ne devons pas oublier, c'est que le péché n'est pas remis si la restitution n'est pas faite. Dès lors, vous êtes obligé de restituer à l'Eglise de Cantorbéry les droits et les biens dont elle a été spoliée.

» Pour nous, il ne nous convient pas de nous taire sur ce point, pas plus qu'il ne convient à votre dignité de négliger une aussi rigoureuse obligation.

« Fermez désormais l'oreille aux perfides conseils auxquels vous devez déjà tant de fautes et de malheurs. Imposez à votre fils le serment de respecter les immunités ecclésiastiques et vous acquerrez ainsi l'un et l'autre un royaume éternel. [1] »

Avant de reprendre la route de l'Angleterre, Thomas Becket voulut revenir une fois encore à sa résidence de Sens pour se recueillir quelques heures dans le lieu de son exil.

_____

[1] Codex Vatic. V. 55.

De là il s'en fut visiter le roi de France pour le remercier de son appui et l'assurer de sa reconnaissance, puis il se dirigea vers le port, non sans envoyer devant lui les lettres pontificales qui mettaient en suspens les évêques anglais et excommuniaient ceux d'York, de Londres et de Salisbury qui, eux-mêmes, quittaient l'Angleterre pour aller se justifier à Rome sur l'ordre du pape.

Depuis sa réconciliation avec Henri II, Thomas avait rencontré le roi deux fois et sa confiance avait plutôt diminué envers lui.

De toutes parts, de funestes présages assiégeaient son esprit.

Sur le point de s'embarquer, il rencontra le comte de Bologne et plusieurs de ses amis qui débarquaient et lui dirent :

— Seigneur archevêque, vous avez tort de retourner en Angleterre, ce sont des trahisons et des chaînes qui vous attendent.

— Rien ne peut maintenant m'arrêter, dit Thomas Becket, ni terreurs, ni violences, ni tourments, et, dût-on me couper en morceaux, je partirai. Voici sept ans que le troupeau est sans pasteur, c'est assez, c'est trop, il est temps que le pasteur reprenne la direction du bercail.

L'exilé s'embarque avec ses compagnons, conduit par le doyen de Salisbury auquel le roi avait donné l'ordre d'escorter l'archevêque.

D'autres ordres avaient été donnés et tous les ports où pouvait aborder le navire, étaient gardés par des hommes d'armes à la solde des mortels ennemis du primat, dans le but de fouiller ses bagages et de s'emparer des lettres du pape.

Au moment de débarquer, Thomas les voit se précipiter vers le navire et demande au doyen de Salisbury de lui expliquer le motif de cette hostilité.

Le doyen, le visage rouge d'indignation et de honte, s'avance vers les agresseurs et, au nom du roi, leur ordonne de se retirer.

Ils obéissent, non sans menaces, et le primat descend à terre.

Bientôt, il est acclamé par le peuple joyeux de son retour et il s'achemine avec sa suite vers Cantorbéry dont la population et le clergé se portent avec bonheur à la rencontre de leur archevêque.

Le primat entre dans sa basilique pour en reprendre possession.

A peine est-il entré que des officiers du roi se présentent devant l'archevêque et lui disent :

— Seigneur primat, nous venons de la part du roi vous sommer d'absoudre tous les évêques excommuniés ou suspendus de leurs fonctions, car les censures qui les frappent sont une injure à la Couronne et blessent les coutumes d'Angleterre. Aussitôt que vous aurez accompli cet acte de réparation, tous vos suffragants se rendront auprès de vous en toute soumission et obéissance, sauf l'honneur de la Couronne.

— Le mandat que vous accomplissez auprès de notre personne, répondit Thomas, émane, non directement du roi, mais de l'archevêque d'York et des évêques de Londres et de Salisbury. La sentence, dont vous demandez la cassation, a été prononcée par le pape, et nul juge inférieur n'a le droit d'annuler les décrets rendus par l'autorité suprême du siège apostolique.

Les officiers s'en furent répéter aux évêques cette ferme réponse du primat.

Ceux-ci tinrent conseil entre eux et se dirent :

— Nous appartenons, en définitive, à l'Eglise, et les constitutions apostoliques sont pour nous un plus sûr garant que les coutumes du royaume. Allons nous jeter aux pieds du primat et lui demander notre absolution.

Mais l'ennemi, le chef du triumvirat épiscopal, qui opprimait, d'accord avec la tyrannie royale, l'Eglise d'Angleterre, l'archevêque Roger d'York s'écria :

— Quoi! serez-vous lâches à ce point? Allez plutôt trouver le roi qui vous a toujours protégés et, en même temps, chargez-vous de faire savoir au prince, son fils, que le primat veut lui ravir la dignité royale, car c'est bien là son intention secrète.

Celui qui parlait ainsi, l'ennemi le plus implacable de Thomas Becket, l'archevêque d'York, devait tout au primat qui, malgré son indignité publique, ses vices et sa barbarie, l'avait, naguère, comblé de bienfaits, espérant sans cesse le voir revenir à de meilleurs sentiments. Mais, hélas! il semble que certains hommes mesurent leur ingratitude à la grandeur des bienfaits reçus. Roger d'York était de ceux-là. Lui et ses complices allaient poursuivre jusqu'au bout leur œuvre de haine.

L'exilé est à peine rentré dans sa patrie, le primat est à peine rétabli sur son siège, qu'il s'aperçoit que rien n'est changé autour de lui et qu'entre les promesses et leur réalisation il y a tout un abîme.

Il ne se fait pas faute d'exhaler ses justes plaintes au roi d'Angleterre et lui écrit :

« Celui qui juge les âmes, sonde les cœurs et punit les criminels, Jésus-Christ nous est témoin de l'amour sincère et des intentions pures avec lesquelles nous avons fait notre paix avec vous, comptant sur des sentiments réciproques de votre part.

» Pouvions-nous, seigneur roi, douter de vos paroles, de vos entretiens affectueux, même de vos doux reproches et nous en défier?

» Vous avez ordonné au roi votre fils de nous restituer tous nos biens d'autrefois, et votre lettre était empreinte d'affection, de concorde et nous invitait à la sécurité.

» Cependant l'événement jusqu'ici n'est pas conforme à la promesse, et des retards imprévus sont apportés à cette restitution qui intéresse davantage votre honneur que mon utilité particulière.

» C'est à vous qu'il appartient d'exiger que vos ordres soient exécutés, et de rechercher la nature des entraves que l'on met à leur accomplissement.

» Nous vous envoyons des témoins qui vous donneront la preuve que le conseiller du roi votre fils, Ranulf, pille ouvertement les biens de notre Eglise pour enrichir ses châteaux.

» Cet homme s'abrite sous votre autorité, et de nombreuses personnes l'ont entendu proclamer avec vantardise qu'il n'y avait pas de paix entre nous et qu'il nous ôterait plutôt la vie que de nous laisser un pain tout entier dans votre royaume. L'Eglise de Cantorbéry, cette mère des Bretagnes, souffre jusqu'à la mort des fureurs déchaînées contre moi.

» Pour la sauver, me faudra-t-il me sacrifier et aller porter ma tête à Ranulf et à ses complices, mes persécuteurs? Si le Seigneur m'en accorde la grâce, je suis prêt à mourir. Je périrai s'il le faut pour que mon Église soit épargnée, à moins que votre compassion ne se hâte de me consoler et de me protéger.

» En tout cas, je suis à vous dans le Seigneur, que je prie de vous combler de ses bénédictions, vous et vos enfants, quelque sort qui soit réservé aux miens et à moi-même.[1] »

En même temps, Thomas Becket écrivait au pape Alexandre.

« Nous avons conclu une paix honorable avec le roi d'Angleterre qui a rétracté sa haine excitée par des prêtres de Baal, faux prophètes qui fomentaient la discorde.

(1) Codex S. Vatic. *Th. de Cant.* Ep. V. 54.

« Nous ne craignons pas de les désigner ainsi et de nommer leurs chefs; l'archevêque d'York, l'évêque de Londres et celui de Salisbury.

» Notre réconciliation les a remplis de rage et ils ont épuisé tous leurs efforts pour persuader au roi et lui faire persuader que cette paix le déshonorait s'il ne nous contraignait pas à accepter les coutumes royales et ne maintenait pas les intrus dans leurs biens usurpés.

» Ils n'ont que trop réussi, tous nos biens sont aliénés, nos maisons vides, nos greniers en ruines. Des clercs investis par le pouvoir royal détiennent malgré nous nos églises et le roi se refuse à aucune restitution.

» Nous sommes revenus dans notre Église, résigné à mourir pour elle ou avec elle si nous ne pouvons la sauver.[1] »

Les ennemis de Thomas Becket, en effet, n'avaient rien épargné contre lui et le roi Henri II, dont la haine s'était entièrement ravivée, prononça pour la troisième fois une parole sinistre, dans des termes qui, cette fois, n'étaient plus voilés.

Devant les courtisans, à plusieurs reprises, il s'écria :

— Quoi! dans tous les lâches qui mangent mon pain, il ne s'en trouvera donc pas un pour me délivrer de ce prêtre turbulent et perfide!

L'arrêt de mort de Thomas était en quelque sorte prononcé.

(1) Codex Vatic. *S. Th. de Cant. Ep.* V. 13.

XVIII

Il y avait quelques semaines à peine que le grand archevêque avait repris possession de son Eglise primatiale.

Tout d'abord, il avait voulu aller lui-même toucher le cœur du jeune roi, fils de Henri II, et s'était mis en route pour le château de Woodstock, mais à peine était-il hors de son diocèse, qu'un ordre brutal lui enjoignait d'y rentrer et de ne plus en sortir.

Thomas se soumit en silence et revint à Cantorbéry.

On était au temps de Noël, temps joyeux où les chrétiens commémorent la mystérieuse naissance du Sauveur, tandis que les anges entonnaient, sur les collines de Bethléem, l'hymne de la bénédiction et de la paix pour les cœurs purs et les bonnes volontés.

Pour Thomas Becket, cette fête de Noël est couverte d'un voile d'impénétrable tristesse; ses ennemis implacables ne sont pas de ceux pour qui les anges ont chanté.

Le 25 décembre, le primat monte dans la chaire de sa cathédrale où se presse une foule compacte, et de là, il laisse tomber sur son immense auditoire des paroles sublimes qui vont au cœur de tous.

Il déroule devant ces âmes sympathiques, le thème dou-
loureux de ses malheurs; il va plus loin, il ne craint pas
d'annoncer que bientôt, il mourra pour son Eglise et que son
sang sera versé par des hommes qui en sont altérés. Mais,
la crainte n'est point dans son âme, et rien, dit-il, ne sera
capable d'ébranler ni son dévouement de pasteur, ni son
autorité de pontife,

En entendant l'archevêque proférer cette lugubre prophétie, tous ceux qui l'écoutent sont saisis de douleur et de
compassion.

Thomas Becket ne se trompait pas.

Pendant ce temps-là, quatre chevaliers, arrivés dans le
plus grand mystère au château de Saetwood, non loin de
Cantorbéry, tenaient conseil.

Le 29 décembre, comme des forcenés, ils font dans
l'après-midi et sans s'être fait annoncer, ni avoir demandé
aucune audience, irruption dans les appartements du
primat.

Nul n'a pu les arrêter dans leur course, des nombreux
familiers de l'archevêque; arrivés en sa présence, sans lui
donner le salut ils s'assoient insolemment devant lui.

— Que voulez-vous de moi? demanda Thomas Becket en
les regardant non sans une certaine amertume.

Car, il les reconnait, ce sont des chevaliers de noble race,
il sait leurs noms : Guillaume de Fraci, Reginald Fitzune,
Hugues de Moreville et Richard Breton. Bien plus, il est
leur suzerain, ces chevaliers sont de ses hommes-liges et trois
d'entre ces quatre ont été les obligés de Thomas.

Insolemment et sans en montrer aucune preuve écrite et
scellée, ils répondent :

— Nous venons, seigneur archevêque, vous sommer au
nom du roi, d'absoudre sans aucun retard et sans conditions
tous les évêques excommuniés.

Thomas répondit avec calme :

— Si j'ai publié les lettres pontificales d'excommunication, le roi y a consenti et c'est avec sa permission formelle. Que les évêques rebelles viennent faire entre mes mains serment de soumission à l'Église et à ses décisions, je recevrai leur serment et alors je lèverai l'anathème. Toutefois, l'archevêque d'York ne sera pas absous par moi, car son excommunication ne peut être levée que par le pape lui-même.

En entendant ces paroles, les quatre chevaliers éclatent en transports de colère et s'écrient :

— Nous saurons bien vous forcer à obéir aux ordres du seigneur roi, et votre résistance insensée finira par vous perdre tout à fait.

Thomas, sans paraître ému, ni effrayé, se borna à répondre.

— Il est singulier, vraiment, que vous ayez pu vous charger d'une telle mission. Après ce qui s'est passé autrefois entre nous, je ne comprends pas que vous veniez me menacer dans ma propre demeure.

Les chevaliers se dirigèrent alors vers la porte de la salle et sortirent en disant :

— Au revoir, nous ferons tout autre chose bientôt que de vous menacer.

Les assistants à cette scène étaient muets de stupeur. Leur visage trahissait l'angoisse des appréhensions atroces. Seul, Thomas Becket, toujours assis sur sa chaire, était calme et impassible, au point que ni son âme, ni son corps ne paraissaient troublés.

Au milieu de ce morne et lugubre silence pendant lequel il semblait que chacun cherchât avec anxiété un moyen de protéger l'archevêque, on entendit venant de la cathédrale, le chant des psaumes sacrés.

C'étaient les moines qui psalmodiaient les vêpres de Noël.

Seigneur! Je remets mon âme entre vos mains
ainsi que la cause sacrée de cette église. (P. 140.)

— Seigneur père, dit un des assistants, allons à l'église, votre personne y sera plus en sûreté qu'ici.

Frappés de la justesse de cette idée, tous les assistants joignent leurs instances à celles de celui qui avait parlé.

Thomas Becket semble incertain de ce qu'il doit faire et ne s'arrête à aucun parti.

On insiste. La basilique n'est-elle pas un lieu sacré, un asile inviolable, bien autrement respectable que les appartements de l'archevêque? Il faut s'y rendre, la chose est d'autant plus facile qu'une galerie permet de gagner le sacrarium sans sortir au dehors.

Thomas hésite encore; mais ses amis l'entraînent, il part avec eux.

Aussitôt qu'il est entré dans la basilique, on en ferme les portes avec soin. Thomas s'en aperçoit :

— Que faites-vous, dit-il, pourquoi fermez-vous les portes de l'église? Le temple de Dieu n'est pas une citadelle. Qu'on rouvre ces portes.

A regret, on lui obéit.

Le primat, maintenant, vient de traverser la basilique et de monter les degrés du chœur, se dirigeant vers l'autel pour s'y prosterner et y faire sa prière. Déjà, la nuit emplit la vaste église de ses ombres pointillées de la lueur des cierges.

Soudain, armés de toutes pièces et suivis de douze soldats, les quatre chevaliers entrent dans la basilique.

— Seigneur père, dit un des assistants à Thomas, fuyez, voici vos ennemis!

— Pourquoi fuirais-je? dit Thomas.

Le primat eut pu, à la faveur des ombres grandissantes, se dérober, gagner les souterrains ou les combles de la vaste basilique et échapper à ses persécuteurs, mais il ne le voulut pas. Loin de là.

Il s'avance vers les assaillants qui crient :

— Où est le traître? qu'on nous livre le traître!

Ils reconnaissent Thomas qui les regarde en face et ne répond pas.

— Où est l'archevêque? disent-ils.

— Il n'y a pas de traître ici, dit alors Becket, il y a un archevêque et le voici.

Et s'adressant à l'un des chevaliers en particulier, il lui dit d'un ton de reproche.

— Réginald, as-tu donc oublié mes bienfaits? que viens-tu faire ici?

— Je viens, dit celui-ci, obtenir ou faire justice.

— Ecoutez, dit Thomas, si vous voulez attenter à ma vie, je suis prêt à la donner pour Dieu, pour le droit et pour l'Église. Mais je vous somme de respecter mon peuple et je vous défends de toucher à aucun de ceux qui m'ont été confiés.

— Tu veux mourir! s'écria Réginald, eh! bien, meurs donc!

Et brandissant son épée, il en porte un coup à la tête du primat.

Un fidèle ami de Thomas Becket, Edouard Grim, qui a eu le courage de l'accompagner, essaie de faire à son archevêque un rempart de son corps.

A l'épée du chevalier assassin, il oppose courageusement son bras, mais son bras est cassé par la violence du choc, et l'archevêque frappé à la tête a le visage inondé par le sang qui coule d'une large blessure au front.

Thomas a joint les mains et sans bouger il prie à voix haute :

— Seigneur, dit-il, je remets mon âme entre vos mains ainsi que la cause sacrée de cette Eglise, par l'intercession de la bienheureuse Vierge, du glorieux saint Denys et des saints patrons de cette basilique.

Aussitôt, un second coup d'épée le frappe; il tombe à genoux; un troisième coup lui brise le crâne et l'étend sur le pavé rougi de son sang, un des bourreaux met le pied sur la vénérable tête de l'illustre agonisant et, avec la pointe de son glaive en fait jaillir et en répand la cervelle sur les dalles du sanctuaire.

La basilique s'est vidée et les moines ont fui devant ce spectacle d'horreur.

Les meurtriers contemplent un instant leur ouvrage et leur victime inanimée, et bientôt, terrifiés par le silence lugubre qui plane dans cette nuit, à peine trouée de place en place par la lueur des cierges, et pour eux pleine de fantômes et de malédictions, ils s'enfuient comme devant le glaive invisible d'un chérubin vengeur.

La nuit était close quand les moines et les prêtres se hasardèrent à rentrer dans la basilique.

Ils trouvèrent le primat étendu sur les dalles ensanglantées du chœur. Il respirait encore. A leur vue, il esquissa un geste de bénédiction et rendit l'âme.

Toute la nuit, les moines psalmodièrent au chœur l'office des morts, puis ils ensevelirent dans la crypte, ce martyr de l'Eglise et de la liberté.

Sur cette tombe entr'ouverte, un panégyriste du héros, s'écrie :

« Il est décédé, le pasteur de nos âmes, j'allais pleurer sa mort; mais il n'a pas cessé d'être, il a seulement disparu à nos yeux et il nous précède.

» La mort par laquelle le Seigneur a glorifié son saint, n'est pas une véritable mort, c'est un sommeil; c'est le port après le naufrage; c'est la porte de la vie, c'est l'entrée dans le séjour bienheureux de la céleste patrie, dans la gloire du Seigneur, dans l'abîme des splendeurs éternelles.

» Il emportait avec lui le riche trésor de ses vertus, voilà pourquoi la mort temporelle, cette vieille reine déchue et décrépite, toujours sur pied, toujours querelleuse, processive, envieuse et rapace, a fouillé ce trésor, pour voir s'il ne renfermait rien qui lui appartint.

» En passant, le héros lui a fermé la bouche avec une poignée de poussière, et sans s'arrêter, a continué à marcher vers ses immortelles destinées.

» Le vulgaire, en voyant ces sanglantes dépouilles, dit :

» Une bête cruelle a dévoré Joseph.[1] » Faux indice que cette tunique de mort! Joseph vit et gouverne l'Egypte tout entière.

» Il règne au ciel, celui dont le monde n'était pas digne; sa courte carrière a été très féconde.

» O Dieu, qui avez comblé les aspirations de son cœur, il a combattu votre combat, gardé la rectitude de vos voies, si rudes fussent-elles, et il s'est montré le gardien fidèle de votre parole.

» Comme Aaron, vous l'aviez élu pour enseigner la science du salut à votre peuple. Revêtu de votre sacerdoce, il a été le guide et le docteur de votre troupeau, le miroir des fidèles et le modèle de la sainteté et de la pénitence.

« Vous, Seigneur, qui êtes le Dieu des sciences,[2] vous l'aviez comblé de vos dons; sa sagesse surpassait celle des plus sages, sa bonté celle des meilleurs, son humilité celle des plus humbles, sa grandeur s'élevait au-dessus des plus grands.

» Héraut du Verbe, trompette de l'Evangile, œil de l'aveugle, pied du boîteux, père des orphelins, lumière de la patrie, tel était cet oint du Seigneur, cet ami de l'Epoux divin, cette colonne de l'Eglise.

» Sa vie entière fut l'école de la vertu, de la sagesse et de la modestie. Equitable dans ses jugements, habile dans son gouvernement, prudent dans ses paroles, circonspect dans ses conseils, aussi sobre pour lui-même que magnifique et généreux pour les autres, toujours calme même dans les

---

(1) Genèse xxxvi.
(2) Psaumes. cvi. 14.

injures, craintif dans la prospérité, inébranlable dans les
revers, ange véritable dans une chair mortelle, il fut la gloire
des clercs, les délices du peuple, la terreur des princes, le
dieu de Pharaon...[1] »

Ainsi mourut, à l'âge de cinquante-trois ans, cet homme
extraordinaire, dont le nom restera une des gloires de
l'Eglise militante sur la terre.[2]

(1) Pierre de Blois (archidiacre de Cantorbéry). *Ep.* xxvii.
(2) On mit sur la tombe de Thomas Becket l'épitaphe suivante :

> « *Annus millenus centenus septuagenus*
> *Primus erat, primas quo ruit ense Thomas ;*
> *Quinta dies Natalis erat, flos orbis ab orbe*
> *Pellitur, et fructus incipit esse poli.* »

Dans l'Eglise de Cantorbéry comme dans beaucoup d'autres à cette époque,
l'année commençait à Noël ; voilà pourquoi il est parlé ici du « premier jour de
l'année ». (Bibliogr. g¹ᵉ : Bareille. *Hist. de l'Eglise.*)

XIX

APOTHÉOSE.

Comme un éclair, la nouvelle de ce terrible événement parcourut bientôt l'Europe entière et, de toutes parts, retentit un double cri d'horreur et d'admiration.

Toutes les nations crièrent vengeance contre les meurtriers, et l'Eglise entière applaudit à la gloire du martyr.

Henri II était au milieu des barons et des évêques de son conseil, lorsqu'un messager apporta à l'assemblée la lugubre nouvelle.

Aussitôt, une morne stupeur arrêta toutes les délibérations et, de toutes parts, des gémissements se firent entendre.

Henri II parut accablé de douleur vraie ou feinte, il se mit à pousser des cris déchirants et à répandre un torrent de larmes, sans souci de la dignité royale, il se montrait comme un ami désespéré. Tantôt il gardait un morne silence, puis il se reprenait à se lamenter bruyamment.

Pendant trois jours, renfermé dans son appartement, il refusa toute nourriture et toute consolation.

La cour, plongée dans le deuil à la vue de cette douleur,

allait répétant que le roi ne survivrait pas à l'archevêque.

A tout ce que lui disaient, pour le consoler, ses familiers et les évêques, il répondait :

— Hélas! les auteurs et les complices de ce forfait ont exploité mes téméraires paroles! Mon nom sera flétri à jamais, ma gloire anéantie, ma mémoire abhorrée! C'est moi qu'on accusera d'avoir tramé ce complot, ou, tout au moins, d'avoir fermé les yeux sur ce criminel attentat.

« Je le jure! j'en prends à témoin le Seigneur, j'en fais le serment sur mon éternel salut, je n'ai pas trempé dans cette horrible tragédie. Je suis seulement coupable d'avoir laissé croire que mon amitié pour l'infortuné primat n'était plus la même qu'autrefois.

» Je me soumettrai au jugement de l'Eglise sans réserve, et je ne réclamerai pas contre la sentence qu'elle prononcera à ce sujet. Malheur à moi! malheur à moi! »

Tel fut le rapport que fit immédiatement au pape l'évêque courtisan Arnoulf de Lisieux.[1]

Il ajouta que, d'un commun accord, tout le conseil royal avait résolu de se soumettre entièrement à ce sujet à la sagesse du Siège Apostolique, en qui réside la plénitude de la puissance et du conseil.

A ce tribuual, le roi plaidera sa cause selon les lois canoniques et se disculpera. Quant aux véritables auteurs du crime, qu'ils soient châtiés comme ils le méritent, afin que tous les droits de l'innocence soient sauvegardés et maintenus.[2]

La vérité était tout autre, et Jean de Salisbury écrivait de son côté ces paroles plus véridiques :

« Un saint archevêque, un éminent primat, un légat du

(1) Arnoulf de Lisieux. Ep. 55. Patr. lat. T. coi.   (2) Ibid.

Siège Apostolique, un juge plein d'équité incorruptible, inébranlable défenseur des libertés de l'Eglise, cette tour dressée devant Jérusalem et faisant face à Damas, ce rude marteau du schisme et de l'hérésie, ce doux consolateur des pauvres et des affligés, vient de tomber sous les coups sacrilèges des impies.

» La grandeur de la cause pour laquelle il rend témoignage fait la gloire du martyr, et rien n'est plus saint que la cause pour laquelle Thomas est mort.

» Sacrifiant toutes les richesses, la gloire, les affections humaines, il a accepté l'exil, les privations, les amertumes, il a combattu jusqu'au trépas pour défendre la loi divine et détruire les abus du despotisme.

» Son courage, que sept ans de tribulations et de calomnies atroces n'avaient pas abattu, a brillé de tout son éclat devant ses bourreaux.

» Immolé dans l'église, la première et la plus vénérée du royaume, sur les marches même de l'autel, devant son clergé, il s'était depuis longtemps offert à Dieu comme une hostie vivante.

» Constamment à l'école du martyre par ses mortifications de toute sorte, il a fini par arroser de son propre sang cet autel sur lequel, pontife, il consacrait le corps et le sang de l'Auguste Victime.

» Son divin Maître fut crucifié hors de la ville, avant le saint jour du Sabbat, mais, du moins, ce ne fut pas sans jugement, quoique le jugement ait été inique; le disciple a succombé dans l'enceinte même de la ville et de l'église au milieu de la plus sainte des solennités.

» Une fois de plus, ce sont les princes des prêtres qui ont commis ce crime; mais, plus méchants qu'Anne et Caïphe, ils l'ont livré sans aucun débat, contre toutes les garanties signées de la veille en vue de la paix, non à des hommes idolâtres et à des étrangers, mais à des chrétiens!

Aussi Dieu brisera, s'il ne les convertit pas, les auteurs et les complices d'un tel crime.[1] »

Le roi de France, Louis VII, de son côté, écrivait au pape :

« Le fils insouciant de l'honneur de sa mère est un fils dénaturé; celui qui ne ressent pas les outrages faits à la sainte Eglise, oublie les bienfaits du Créateur.

» Voici le moment de compatir aux douleurs de l'Eglise. En frappant le serviteur de Dieu, le glaive des méchants a frappé la pupille de l'œil de notre divin Sauveur, éteignant d'une manière lâche et barbare, le flambeau même de la chrétienté.

» Dégaînez promptement l'épée de Saint-Pierre pour vénger le martyr de Cantorbéry. Le sang du primat d'Angleterre crie vengeance en son nom et au nom de l'Eglise entière.

» Déjà, dit-on, au tombeau de ce martyr éclatent des miracles attestant le pouvoir de Dieu et proclamant sa gloire.

» Les porteurs de ces messages exposeront à Votre Sainteté toute cette lamentable affaire; daignez accorder à leur sincère déposition le même accueil qu'à nous-même.[1] »

Henri II, de son côté, atterré, envoyait à Rome deux ambassades, l'une pour porter la lettre d'Arnoulf de Lisieux, l'autre pour implorer de la part de l'archevêque d'York et de ses collègues, la levée de l'excommunication qui pesait sur eux.

Le pape avait d'abord accueilli celle-ci, arrivée la première, lorsqu'il apprit la tragique nouvelle et tomba dans une morne stupeur.

Pendant huit jours, enfermé dans ses appartements, il

(1) Jean de Salisbury, *Ep.* 304. *Patrol. lat.*
(2) Codex Vaticanus. *Ep.* V. 78.

refusa de voir même ses familiers et défendit qu'on introduisit aucun anglais en sa présence, malgré que les ambassadeurs protestâssent de l'innocence du roi, dont quelques paroles seulement avaient été interprétées par les coupables dans un sens abusif.

Mais le pontife, non seulement ne les admit pas à lui baiser les pieds, mais encore leur interdit la porte du palais apostolique.

Les cardinaux eux-mêmes n'adressaient pas la parole aux envoyés anglais.

Cependant, las, à la fin, de leurs importunités, le pape Alexandre consentit à en recevoir deux, supposés les moins compromis, c'étaient l'archidiacre de Lisieux et l'abbé de Wallace.

Un instant, on les écouta, mais en les entendant prononcer le nom du roi d'Angleterre, toute la curie pontificale s'écria :

— Silence ! silence ! un tel nom ne doit pas résonner aux oreilles du très saint pontife !

Et l'audience fut suspendue sur cet incident.

La semaine sainte s'ouvrit sur ces entrefaites et les Anglais virent avec terreur approcher le Jeudi Saint, jour où le pape avait coutume d'absoudre et d'excommunier publiquement.

Ils interrogèrent anxieusement ceux des cardinaux qui leur étaient les moins hostiles et ne doutèrent pas que leur cause était perdue.

Ils voulurent tenter une dernière chance de salut et firent savoir au pape que le roi d'Angleterre leur avait ordonné de jurer pour lui obéissance entière au pape avec promesse de venir lui-même confirmer ce serment.

Mais la résolution du pape était prise.

Le jour terrible arriva et les ambassadeurs anglais appelés au consistoire entendirent le Pontife excommunier en bloc tous les meurtriers et les complices du meurtre du primat ainsi que quiconque leur accorderait une aide quelconque.

Alexandre, dans sa prudence, ne faisait pas d'excommunication nominale et envoyait deux légats, le cardinal Théodin, de Saint-Vital, et Albert, de Saint-Laurent in Lucina, chancelier de l'Eglise, pour instruire l'affaire sur place.

Les légats vinrent en Normandie, virent d'abord Henri II à Gournay, puis à Savigny où, dans une assemblée d'évêques et de barons, on conféra longuement.

Ces deux réunions furent suivies d'une autre assemblée à Avranches afin de clore les débats.

Henri II et ses fils y assistaient.

Sur le livre des Evangiles, il jura qu'il n'avait ni commandé ni désiré la mort du primat, qu'il avait pleuré plus que son père et sa mère. Il jura, en outre, qu'il accomplirait avec une entière soumission la pénitence qui lui serait imposée, reconnaissant qu'il était néanmoins la cause indirecte de cette mort.

Les légats, alors, croyant à sa loyauté, imposèrent les clauses suivantes à Henri II.

« Il enverrait en Terre-Sainte deux cents soldats à la disposition des Templiers pendant un an à ses frais et leur donnerait à chacun deux cents pièces d'or.

« Il renoncerait aux iniques clauses de l'assemblée de Clarendon et aux Coutumes et n'en imposerait pas d'autres sans l'assentiment du pape.

» Il restituerait tous ses biens à l'Eglise de Cantorbéry, lui rendant tous ses privilèges et restaurerait dans ses bonnes grâces tous les amis de Thomas.

» Lui-même irait en Terre Sainte ou en Espagne pendant trois ans combattre les infidèles.

» En outre, des pénitences privées lui seraient imposées. »

Humblement et spontanément, le roi promit tout et s'écria :

— Seigneurs légats, mon corps est dans vos mains. Je vous obéirai en tout, je vous en donne ma parole royale.

Tel était l'accent de sa sincérité qu'il émut toute l'assemblée jusqu'aux larmes.

Les légats, alors, menèrent le roi pénitent aux portes de l'église, lui firent grâce de la peine ordinaire de la spoliation et du fouet et, après l'avoir absous, l'introduisirent dans le lieu saint.

Publiquement, Henri II renouvela ses serments dans la ville de Caen en présence des évêques français et en scella les actes avec le grand sceau d'Angleterre pour les archives pontificales.

Il existait, de plus, dans cet acte, une clause secrète qui allait bientôt devenir publique : le roi d'Angleterre jurait au pape Alexandre de tenir désormais son royaume comme un simple fief du siège apostolique, s'engageant lui et ses successeurs, à perpétuité, vis-à-vis de l'Eglise Romaine.

Les légats retournèrent à Rome, emportant comme des reliques une partie de la cervelle du martyr recueillie sur le pavé du sanctuaire et la tunique imprégnée de son sang.[1]

Thomas Becket n'avait pas inutilement versé son sang ; une glorieuse réaction s'opérait en faveur de l'illustre archevêque même dans les rangs de ses plus grands ennemis, et la cause pour laquelle il était mort devait bénéficier, dans le temps, de la gloire qu'elle lui donnait à lui-même dans l'immortalité.

____

(1) Ces reliques furent déposées dans la basilique de Sainte-Marie-Majeure, à Rome.

La plupart des ennemis du primat immolé se convertirent, et les plus endurcis virent la colère et les châtiments divins s'appesantir sur eux.

Les meurtriers, effrayés d'eux-mêmes, s'étaient enfuis dans une forteresse et, maudits des hommes et même des animaux qui semblaient en avoir horreur, dévorés par les remords, ils résolurent d'aller se jeter aux pieds du pape pour implorer leur pardon.

Ils y vont et se prosternent aux pieds du pontife qui leur ordonne d'aller aux Saints-Lieux pleurer les larmes de leur repentir sur la terre arrosée du sang divin.

Les quatre chevaliers partirent. L'un d'eux voulut s'arrêter en route. C'était Guillaume de Traci. Aussitôt une affreuse maladie de gangrène le frappa et il mourut à Cosenze dans les plus horribles souffrances.

Les trois autres, arrivés en Orient, s'enfermèrent dans un lieu nommé la Montagne Noire, où trois ans après ils mouraient penitents.

Sur leur tombeau, creusé à la porte de l'église, on inscrivit cette épitaphe :

« Ici reposent les infortunés qui martyrisèrent le bienheureux Thomas, archevêque de Cantorbéry. »

Cependant, sur le tombeau du martyr, se multipliaient les merveilles, et l'Angleterre et la France demandaient à grands cris au pape de placer Thomas au rang des saints.

Alexandre III entendit cette prière et prononça solennellement au milieu d'une foule enthousiaste la canonisation du martyr.

Pendant que ces honneurs suprêmes étaient décernés à la victime, la colère du ciel frappait le persécuteur.

La discorde entra dans la famille du vieux roi d'Angleterre, ses quatre fils et bientôt sa femme elle-même conspirèrent contre lui malgré les efforts des évêques pour rétablir la concorde dans cette royale maison et l'intervention même du pape.

C'était la guerre, que ses propres enfants avec leur mère déchaînaient contre Henri II.

Bientôt, le péril devint tel, que le vieux roi pressentit le moment de sa ruine complète.

En secret, il passe en Angleterre, et le 10 juillet de l'an 1174, il débarque à Southampton. De là, sans se reposer un instant, il prend la route de Cantorbéry.

Lorsque, de loin, il aperçut les trois tours aux clochetons aigus de la basilique, à travers les buées de la brume, il descend de cheval, se dépouille de ses vêtements royaux et retire sa chaussure.

Pieds nus, bientôt sanglants, vêtu d'une simple tunique, il continue sa route vers la ville qui lui rappelle de si tragiques souvenirs.

Le visage baigné de larmes, il traverse la foule et pénètre dans l'église. Aussitôt, il se dirige vers la crypte, y descend et se prosterne sur la dalle qui recouvre les restes du martyr.

De là, le vieux roi s'en va au chapitre de la cathédrale, confesse à genoux son crime et reçoit de chacun des assistants plusieurs coups de corde à nœuds sur les épaules. Les évêques présents donnent cinq coups et les moines trois.

Alors, il retourne à la crypte et passe la nuit en prières sur le tombeau. Le lendemain, il confesse de nouveau son crime, entend la messe et communie.

Après cette humiliation volontaire et extraordinaire, Henri monte à cheval et part pour Londres, soulagé comme s'il était délivré d'un grand poids.

De meilleures nouvelles l'attendaient. Une extraordinaire révolution d'événements venait de disperser ses ennemis qui bientôt étaient soumis de toutes parts, et la couronne est

raffermie sur la tête du vieux roi avec qui ses enfants hier
révoltés, se réconcilient aujourd'hui.

— Voyez, disait Henri II, avec enthousiasme, quelle
est la gloire du saint martyr, car ces miracles-là sont son
œuvre !

Bientôt le siège de Cantorbéry allait avoir un nouveau
pasteur qui, loin d'être à la hauteur de son illustre prédécesseur, ne laissera pas, néanmoins, de continuer l'œuvre si
héroïquement commencée.

Hélas ! l'Angleterre ira, un jour, par le fait d'un autre
Henri, huitième du nom, après quatre siècles de vénération,
porter une main sacrilège sur la gloire et les restes de
l'héroïque martyr.

Ce roi qui aura séparé de la communion catholique
l'église anglaise, devenue anglicane, fera au martyr vénéré
un procès posthume de lèse-majesté et lui donnera, par dérision, un avocat d'office, dont le rôle consistera à garder un
humble silence devant le réquisitoire royal et impie.

Le tombeau du martyr sera violé, son nom rayé des
dyptiques sacrés, des missels, des litanies et des calendriers,
avec défense à qui que ce soit, sous peine de mort et de perte
de tous ses biens, de le prononcer jamais. Ses ossements
eux-mêmes seront livrés publiquement aux flammes, et leurs
cendres jetées au vent.

Ainsi, deux fois martyr, dans son corps et dans sa
mémoire et toujours en haine de ses œuvres, la gloire de
Thomas Becket doublera de splendeur dans la vénération des
âmes catholiques ; s'il était donné aux hommes de pouvoir
anéantir les ossements des saints, prémisses terrestres de
leur future résurrection, pourquoi cette parole aurait-elle été
dite ? « Le Seigneur garde tous leurs os et nul d'entre eux
ne sera brisé. »

Mais, vous le savez, Seigneur, les ossements de vos

saints sont la terre même qui a bu le sang de l'Homme-Dieu ;
au temps glorieux et futur de l'avènemeut du Fils de
l'Homme, ceux qui dorment du sommeil de la paix se revêti-
ront d'une chair nouvelle et ancienne à la fois, car la terre
entière fournira cette chair ancienne et nouvelle, la terre
régénérée dans les gloires éternelles de l'harmonie divine et
sidérale.

Et les impies frémiront parce que, malgré eux, le Seigneur, devant qui rien ne se perd, aura gardé à leur insu les
ossements des saints !

XX

UN AUTRE « CANOSSA. »

La tragique histoire de Thomas Becket est un épisode
sanglant des luttes du Sacerdoce et de l'Empire, du fracas
desquelles tout le moyen âge est rempli.

La lutte du Sacerdoce et de l'Empire, au moyen âge, dit
un historien,[1] est un drame en quatre actes.

Le premier acte est formé de la querelle des investitures,
où le pape et l'empereur se disputent la suprématie sur
l'Europe chrétienne, et ce premier acte finit en 1122, au concordat de Worms, par des concessions mutuelles; mais à
vrai dire, le dénouement commence en 1077, dans la seconde
enceinte du château de Canossa, là même où l'orgueil humilié
de l'empereur de Germanie, Henri IV, attendit pendant trois
jours, les pieds nus dans la neige, l'absolution du pape
Grégoire VII, vainqueur de son rival.

Le second acte se joue cent ans après le premier. L'indépendance de l'Italie par le Saint-Siège se dénoue à Venise,
sur la dalle de porphyre qui marque encore, dans le vestibule
de la cathédrale de Saint-Marc, à droite de la porte d'entrée,

____

(1) Bareille, *Hist. de l Eglise.*

la place où l'empereur Frédéric Barberousse vint abjurer, aux pieds d'Alexandre III, ses prétentions sur la Péninsule. Le traité de Constance, en 1183, ne sera que la consécration diplomatique de ce grand événement.

Au troisième acte, sous Innocent IV, ce sera la Providence elle-même qui sauvera l'indépendance du Saint-Siège en péril, par la mort subite de l'empereur Frédéric II, frappé de ce coup de foudre du destin à Fiorenzuola, en 1250.

Au quatrième acte, enfin, la France remplacera l'Allemagne dans la lutte de l'Empire contre le Sacerdoce; les séides du roi Philippe-le-Bel la termineront par le guet-apens d'Agnani contre Boniface VIII, en 1303.

L'heure, alors, sonnera pour l'Eglise Romaine, de la captivité de Babylone, avec les papes d'Avignon, puis le grand schisme d'Occident et son extraordinaire anarchie.

Nous avons à peine parcouru jusqu'à ce moment de l'histoire, qui commence la dix-neuvième année du règne du pape Alexandre III, la moitié des temps qu'embrasse ce drame si mouvementé.

Bien plus, trois personnages historiques, le pape, l'empereur d'Allemagne, le peuple romain, étaient ici en présence, et le dernier était demeuré complètement étranger à la scène de Saint-Marc.

Mais le peuple romain était un rodomont, dont la jactance se changeait en lâcheté dès que l'orage grondait sur sa tête. A peine la puissance impériale s'est-elle prosternée aux pieds du pape, à peine le schisme a-t-il perdu dans l'empereur son plus ferme soutien, que les Romains s'empressent de reconnaître à quels sérieux périls la trop longue absence d'Alexandre a exposé leurs intérêts temporels plus encore, sans doute, que leurs intérêts spirituels.

Tous les historiens catholiques ont parlé de l'année 1177, dont ils ont célébré la fortune, excellente pour l'Eglise Romaine; mais ils s'accordent peu sur le détail des événements qui l'ont rendue telle. De l'opposition des documents contemporains naît, en effet, cette divergence. Comme en tout temps, l'histoire, à cette époque, est arrangée par chaque parti à la couleur de ses ambitions et de ses prétentions, sans autre souci de l'exactitude générale.

Les uns disent que, pour aller conférer avec l'empereur, selon des conventions faites à Anagni, le pape devait se rendre à Bologne, tandis que Frédéric se rapprocherait de lui en se rendant à Modène.

Avant son départ, Alexandre avait eu la précaution de laisser un cardinal-vicaire à Rome, comme son lieutenant, pour tenir au moins en respect les schismatiques, dont le chef trônait à Viterbe, anxieux devant l'avenir qui promettait une réconciliation prochaine entre le pape et l'empereur.

Passant ensuite par Bénévent et Troja, Alexandre III, avec son sacré collège de cardinaux, vint au pied du mont Gorgano, sur les rives de l'Adriatique, où l'attendaient, comme autrefois au mont Circé, les galères siciliennes magnifiquement équipées et largement pourvues.

Elles étaient commandées par le comte Roger, le plus grand personnage du royaume de Sicile, et Romuald, archevêque de Salerne, qui devaient se joindre au cortège pontifical.

Par la voie de terre, avaient pris les devants les cardinaux Humbald, évêque d'Ostie, et Rainier, diacre de Saint-Georges, pour aller demander à l'empereur de renouveler lui-même et sous la foi du serment, les assurances données au pape en son nom par les archevêques de Magdebourg, de Worms et de Cologne.

Ils rencontrèrent l'empereur Frédéric à Modène, et obtinrent de lui assez facilement ce qu'ils lui demandaient. Pour mieux affirmer ses intentions, Frédéric même obligea le fils du marquis de Montferrat et tous les seigneurs allemands de sa suite à jurer sur le livre des Evangiles que les engagements que l'on prenait seraient fidèlement observés et tenus.

Cependant, les villes de Crémone et de Tortone faisaient défection et se séparaient de la ligue Lombarde pour se ranger du parti des étrangers, et le pape Alexandre en apprenait la nouvelle avec une surprise soupçonneuse.

Mais il ne s'agissait que de deux villes, et il comptait sur la fidélité des autres. Il continua donc son chemin, et le 22 mars il était reçu avec les plus grands honneurs, dans le port de Venise où il abordait, par le doge Sébastien Zani, le patriarche, plusieurs évêques et une foule de seigneurs, montés sur des vaisseaux richement décorés.

La sérénissime reine de l'Adriatique avait préparé au pape une réception splendide.

Alexandre fut solennellement conduit au palais du patriarche, situé sur le Rialto. Là vinrent le trouver les premiers ambassadeurs de Frédéric Barberousse, ceux qui avaient entamé des négociations pour lui dire que l'empereur avait changé d'avis concernant le lieu de leur prochaine conférence, que Bologne était suspecte aux seigneurs allemands, que lui-même avait quelque répugnance à s'y rendre, et qu'en conséquence il priait le pape de choisir pour cette rencontre un endroit plus favorable, par exemple Ravenne ou Venise.

Alexandre avait d'abord répondu qu'il voulait s'en tenir aux engagements pris par ses plénipotentiaires de concert avec l'empereur et les chefs des villes lombardes ; mais, ne voulant, toutefois, rien gâter par une intransigeance qui pouvait être imprudente, il ajouta qu'il serait à Ferrare le dimanche de la Passion, pour y concerter avec ses amis sur le parti à prendre.

Les prélats allemands se rangèrent à cet avis, et, dans la semaine qui suivit le dimanche de *Lœtare*, le pape bénit la rose d'or traditionnellement destinée à honorer quelque prince qui a bien servi l'Église ; et il la remet, cette fois, au doge de Venise ; puis il s'embarque sur une flottille vénitienne, pour remonter le Pô jusqu'à Ferrare.

Le jour suivant, en présence d'Alexandre, se réunissent pour discuter de leurs intérêts communs, les représentants des Lombards : le patriarche d'Aquilée, les archevêques de Ravenne et de Milan, plusieurs évêques et les consuls ou comtes des principales villes ; ceux du roi de Sicile ; l'archevêque Romuald et le comte Roger ; ceux de l'empereur : les archevêques de Mayence, de Worms, de Cologne, de Trêves et de Besançon, avec quelques-uns de leurs suffragants.

La délibération est orageuse. Les Lombards veulent qu'on se réunisse à Bologne, à Plaisance, à Ferrare, ou même à Padoue, et les Allemands préfèrent Ravenne, Pavie ou Venise. D'accord avec les Siciliens, le pape, de son côté, opte pour Venise, et se hâte d'y rentrer. D'autres ont dit qu'il fut obligé de s'y enfuir sous un déguisement très humble, pour échapper à des violences imminentes.

Quoiqu'il en soit, c'est à Venise que vont se jouer les destins de l'Eglise Romaine et de l'Empire.

C'est le 9 du mois de mai, que les plénipotentiaires, réunis dans cette ville, entament leurs graves discussions sur les plus irritantes et les plus délicates questions.

Les délibérations se prolongent jusqu'aux derniers jours de mai, et l'on n'en finit, avec les affaires qui intéressent la Sicile, qu'à la fin de juillet.

C'est alors seulement que sont posées et acceptées de part et d'autre les bases de l'entente :

L'empereur sera absous ; il se réconciliera avec le pape et l'Eglise Romaine et promettra de ne plus retomber dans son ancienne manière ; la paix sera conclue pour quinze ans avec Guillaume de Sicile ; les villes lombardes conserveront toutes leurs actuelles libertés. L'Europe chrétienne allait peut-être alors faire trêve à son anarchie et déposer ses armes fratricides pour prendre un peu de calme et de repos.

Sur la demande unanime des contractants, le pape Alexandre consent à ce que Frédéric Barberousse vienne à

Chiogga, sur le bord de la mer Adriatique, près de Venise.

On porte ces conventions à Frédéric Barberousse ; il hésite un moment avant de les approuver et de les accepter ; mais l'intérêt politique l'emporte pour le moment sur tout autre sentiment, et il accepte, ne pouvant revenir en arrière dans sa position actuelle.

Selon l'usage impérial, il jure par deux de ses principaux officiers, qu'il jurerait lui-même devant le pape dès qu'il serait près de lui, toutes les conditions de la paix pour la rendre désormais irrévocable.

Le pape, alors, s'entend avec le doge pour la réception convenable de Frédéric à Venise. Six galères partent aussitôt et reviennent peu après, ramenant l'empereur en grande pompe, et Frédéric prend logement au couvent de Saint-Nicolas, à l'entrée du Rialto.

Le lendemain matin, six cardinaux, Humbald d'Ostie, Guillaume de Porto, Jean de Sainte-Anastasie, Théodinde Saint-Vital, Pierre de Sainte-Suzanne et Hyacinthe de Sainte-Marie, vont trouver l'empereur de la part du pape.

L'empereur excommunié abjure le schisme ; il condamne les schismatiques antipapes Octavien, Gui de Crême, Jean de Struma, promet fidélité au pape Alexandre et à ses successeurs légitimes, et les plénipotentiaires d'Alexandre lui déclarent que l'excommunication qui pesait sur lui est levée et qu'il est réadmis avec tous les seigneurs allemands dans le giron de l'Eglise romaine, selon l'usage.

Frédéric Barberousse, alors, se met en marche vers la basilique patriarcale de Saint-Marc.

Devant les portes de la cathédrale, se tient le pape Alexandre en habits pontificaux et entouré de son Sacré-Collège. L'empereur humilié, dépose alors sa chlamyde et son épée, et se prosternant à terre, baise les pieds du pape.

On a dit que le pape Alexandre, dans l'orgueil d'un triomphe égal à celui de Grégoire VII jadis sur l'empereur

Il se prosterna sur la dalle qui recouvre les restes du martyr. (P. 152.)

Henri IV au château de Canossa, avait posé le pied sur le cou de l'empereur prosterné, en s'appliquant cette parole du Psaume : « Tu marcheras sur l'aspic et le basilic, tu fouleras aux pieds le lion et le dragon, » que le césar, ainsi foulé aux pieds, répondit : « Ce n'est pas au prince temporel, mais à Pierre, chef spirituel, que je rends ainsi obéissance, » et qu'Alexandre riposta à son tour : « C'est à moi comme à Pierre ! »

Sous sa forme brutale, et sans doute dramatisée à l'excès, cette légende, si c'en est une, a un fonds vrai, néanmoins, comme la philosophie même de l'histoire.

Le grand drame de la lutte acharnée du Sacerdoce et de l'Empire, ce drame qui se joue dans toute sa force au moyen âge, mais qui a des perspectives bien antérieures au moyen âge et des amplifications qui englobent tous les temps de l'histoire, tient, en effet, tout entier, pour l'Empire : dans la question de savoir si le pape joue, vis-à-vis des nations, le rôle unique de pontife exclusivement religieux ou celui de rival politique; dans cette lutte acharnée et gigantesque, véritablement et tristement anarchique, la grande question qui se pose incessamment est celle-ci : ne s'agit-il que de l'unité religieuse et de l'ordre social universel pur, ou au contraire, assiste-t-on à une lutte de nationalités titanisées par la politique de la ruse et de la violence et n'aspirant qu'à la prépondérance d'une race ou d'une nation sur toutes ses sœurs chrétiennes ?

Les drames et le sens de l'histoire répondent assez éloquemment que l'esprit de division de la politique a toujours dominé sur l'esprit d'unité de la religion. Jamais aucune race n'a accepté ni n'acceptera qu'une autre race la domine et la domestique sous aucun prétexte que ce soit, et, dans de telles luttes l'insolence dans la victoire aura toujours pour contrepoids la fourberie dans la défaite. Jamais, la force n'a jamais triomphé de rien dans le sens de la vie; jamais le

pouvoir armé ne résoudra aucune question sociale à aucun
degré de l'échelle des sociétés; c'est l'autorité seule, l'autorité désarmée, l'autorité qui est la faiblesse, mais qui repré-
sente le droit, dont l'essence est d'être impartial pour tous et
de l'être universellement, c'est l'autorité qui est la seule
morale vivante de la société et de la vie. C'est pourquoi, ce
qui frappe sans cesse au cours de ces luttes tragiques, c'est
la distinction que fait toujours le vaincu entre l'autorité
désarmée et neutre à laquelle il engage une foi non politique
mais exclusivement religieuse, et la force armée à laquelle,
d'avance, il dénie le droit de l'écraser au nom d'aucune ambition politique et d'aucun rêve de domination ethnique.

Dans ce chaos, dans cette babel où s'entrechoquent tous
les éléments du monde chrétien, le rôle du Souverain-Pon-
tificat est clair : il est l'Autorité, désarmée par nature et équi-
librante par essence au nom de toutes les libertés publiques,
de tous les droits nationaux, de toutes les autonomies com-
patibles avec l'unité et l'universalité de la raison chrétienne
et catholique. Voilà, sans doute, ce que les papes ont compris
et se sont efforcés de mettre en pratique, mais voilà ce que,
très certainement, n'ont jamais entendu les factions politiques
et les ambitions ethniques qui les ont, de siècle en siècle,
crucifiés sur le calvaire de leurs iniquités et de leurs ténébreuses anarchies.

Alexandre, après cette scène dramatique, voit l'empereur
Frédéric se lever et lui donner la main, pendant qu'éclate
le chant du *Te Deum*. L'empereur et le pape, se tenant par
la main, se dirigent vers le chœur de la Basilique, où le
pape, montant à l'autel, donne la bénédiction apostolique.

Le jour suivant, fête de Saint-Jacques, le pape revient
processionnellement à Saint-Marc dans un imposant cortège de cardinaux, de patriarches, d'archevêques, d'évêques,
de clercs de tout rang et de simples fidèles.

L'empereur se tient debout dans le chœur de la Basilique, et la messe commence, psalmodiée par le clergé allemand.

Après l'Evangile et le prône, Frédéric Barberousse se rend à l'Offrande, accompagné de ses principaux officiers, se prosterne de nouveau devant le pape, lui baise les pieds et fait une offrande royale.

La messe finie, il reconduit le pontife jusqu'aux portes de la Basilique et lui tient-l'étrier pour l'aider, selon l'étiquette, à remonter sur sa haquenée blanche, en prenant le pas ensuite, toujours selon l'étiquette, pour le reconduire par la bride de sa monture jusqu'au palais patriarcal. Mais Alexandre se contente du geste et le tient quitte de l'action.

La réconciliation entre le Sacerdoce et l'Empire paraissait, de ce chef, à tous, une fois de plus aussi complète que possible.

Alexandre se hâta d'écrire, sous l'impression même de ces événements, plusieurs lettres à divers personnages. Il écrit à l'abbé du Mont-Cassin, qui doit en faire part à l'archevêque de Capoue; à Richard, successeur de Thomas Becket sur le siège archiépiscopal et primatial anglais de Cantorbéry; à Roger d'York, légat du Saint-Siège en Angleterre, et à beaucoup d'autres.

La nouvelle de l'événement s'est rapidement répandue dans la Toscane et la Lombardie, effrayant les évêques intrus de ces provinces, qui, aussitôt se tournent du côté vainqueur et se hâtent d'accourir à Venise faire leur soumission au pape et lui demander de régulariser leur situation, acceptant la pénitence qui leur serait imposée et jurant sur le livre des Evangiles fidélité au pape Alexandre.

Alexandre resta à Venise jusqu'à l'Assomption, au milieu d'un grand concours d'étrangers.

Ce jour là, il réunit à Saint-Marc un grand synode pour clore tous ces événements. L'archevêque schismatique de Mayence, ennemi redoutable de la politique italienne, brûla

publiquement le pallium qu'il avait reçu des mains de l'antipape et déposa son titre archiépiscopal, qui lui fut rendu
aussitôt par Alexandre, non, toutefois, sans que l'archevêque
légitime et dépossédé de Mayence ait bien voulu aider cette
combinaison en renonçant lui-même à tous ses droits, donnant ainsi au monde chrétien le plus rare et le plus apostolique exemple d'abnégation, d'humilité et de sagesse,
exemple héroïque surtout pour ce temps-là, mais qui montre
que, même à cette époque, il y avait des hommes assez sages
pour être revenus de tout et se montrer absolument fixés sur
la valeur des hommes et des choses comme sur la vraie
nature de la tragi-comédie humaine. Non moins humblement, il acceptait en réparation l'archevêché de Salzbourg,
en attendant, du reste, que la Providence se chargeât de le
récompenser selon son mérite.

Après les oraisons et les litanies usitées dans les conciles,
le pape fit un magnifique discours sur la paix, et l'on dis-
tribua à l'empereur, aux évêques, aux seigneurs italiens et
allemands et à tous les assistants ecclésiastiques et laïques,
des chandelles allumées; alors, Alexandre prononça la for-
mule d'excommunication suivante :

« De la part du Dieu tout-puissant, de la bienheureuse
Marie toujours Vierge, des Apôtres Pierre et Paul, nous
anathémathisons, nous séparons du sein de l'Eglise notre
Mère, quiconque tenterait, n'importe par quel moyen, de
rompre, d'enrayer ou de troubler la paix faite entre
l'Eglise et l'Empire, le traité conclu pour quinze ans avec
le roi de Sicile, ou la trève de six ans avec les Lombards.
De même que ces chandelles vont êtres éteintes, de même
soient privés des clartés de la vision béatifique les âmes des
perturbateurs ! »

L'empereur jeta sa chandelle à terre selon le rite et tout
le monde l'imita en criant :

— *Fiat! Fiat!* qu'il en soit ainsi! *Amen !*

Peu de temps après, Frédéric Barberousse traversait la Lombardie, pour regagner l'Allemagne, et s'emparait de quelques villes, en donnant ainsi la main aux révoltés de Crémone et de Tortone, tandis qu'Alexandre fermait les yeux sur cet acte de déloyauté et cette petite revanche de dépit politique.

Il avait hâte de rentrer enfin à Rome en triomphateur. Rome du reste, le rappelait avec l'enthousiasme et la versatilité habituels au peuple romain.

Sept députés, choisis entre les plus notables citoyens de la ville éternelle, vinrent à Agnani apporter au pape de la part du clergé, du sénat et du peuple, une supplique de retour.

Alexandre, malgré la joie que lui causait cette récipiscence, ne pouvait oublier les leçons amères d'un autre temps, où, dans des circonstances analogues, ce même peuple romain, après l'avoir, comme aujourd'hui, rappelé d'au delà les monts, l'avait ensuite, à peine revenu, abreuvé d'outrages et d'iniquités.

Malgré toutes les promesses et les flatteries dont on le comblait, il exigea qu'on lui donnât des garanties parfaites de sa sécurité avant de rentrer dans une cité sans cesse remuée par l'anarchie des factions politiques.

Les députés durent s'en retourner, suivis de trois cardinaux de la cour d'Alexandre, chargés par lui de négocier les conditions et d'arrêter les clauses d'un traité de paix solide.

Ce ne fut qu'après de longues et laborieuses conférences, qu'il fut enfin possible de s'entendre sur les bases suivantes :

Le sénat romain prêterait serment de fidélité au pape. Tout ce qui avait été pris au Saint-Siège lui serait rendu ; le pape, son entourage et leurs biens seraient entièrement et inviolablement respectés ; enfin, les pèlerins auraient toute sécurité pour venir à Rome et s'en retourner de même.

On fit voter ces conditions par le peuple romain, qui les

accepta; et le sénat, à la suite des trois cardinaux négocia-
teurs, vint à Anagni trouver Alexandre.

Là, ils baisèrent les pieds du pape et jurèrent en leur
nom et au nom du peuple romain, sur les Evangiles,
d'observer fidèlement le traité de paix.

Le jour de Saint-Grégoire, avant le dimanche de *Lœtare*,
après avoir célébré la messe, Alexandre sortit de Tusculum
pour faire son entrée dans Rome.

Au devant de lui était arrivée la longue procession des
romains, le clergé avec croix hautes et bannières au vent, les
sénateurs, les magistrats au son des trompettes, les nobles
et leur milice en grand apparat, le peuple avec des rameaux
d'olivier, tous chantant des hymnes et des cantiques.

Ce fut au milieu de cette pompe, monté sur sa haquenée
blanche et la main bénissante, que le pape Alexandre rentra
dans Rome et reprit possession du Latran, au mois de
Mars 1178.

Il n'y eut pas jusqu'à l'antipape Jean de Struma, qui
se faisait appeler Calixte III et tenait sa cour à Albano, qui
n'entrât dans le mouvement général dont l'unanimité lui
donnait à réfléchir. Peut-être même sa conversion fut-elle
simplement spontanée et sincère.

Il vint à Tusculum avec une grande partie de son entourage, se prosterna devant Alexandre et lui dit :

— Saint-Père, vénérable Seigneur, je confesse mon
crime à la face de l'univers; j'ai péché contre Dieu, contre la
Sainte Eglise et contre vous. Aujourd'hui, le cri de la conscience me ramène; je déteste mon égarement, j'implore mon
pardon de votre clémence. Oui, j'abjure tout schisme et toute
hérésie, je vous accepte avec la plus entière soumission pour
seigneur et père de l'Eglise universelle.

Alexandre répondit sans aucune amertume et avec
mansuétude :

— Mon frère, la conversion d'un pécheur excite des

transports de joie parmi les Anges. Lorsque, cédant à une suggestion diabolique, vous vouliez briser l'unité de l'Eglise, nous avons éprouvé une grande douleur. Nous éprouvons maintenant une joie plus grande encore, parce que, cédant à l'inspiration de Dieu, vous retournez à cette unité. L'Eglise Romaine qui, fidèle à l'enseignement du divin Maître, se fait une loi d'aimer ses ennemis ne voit que votre repentir actuel ; elle retrouve en vous un fils ; elle vous rendra le bien pour le mal.

Désormais, en effet, Jean de Struma fut comblé des bonnes grâces d'Alexandre, qui le fit archevêque et gouverneur de Bénévent et le reçut très souvent à sa table.

Les derniers intraitables qui ne suivirent pas le mouvement, voulurent encore y résister, mais, comme toujours en pareil cas, ils s'agitèrent dans le vide et sur une scène désertée par ses vrais acteurs. Ce fut en vain qu'ils essayèrent de refaire un antipape pris dans la famille des Frangipani, l'une de ces familles romaines qui, au cours des siècles, étaient l'âme de tous les troubles et de toutes les factions qui se disputaient la fortune, le pouvoir et les honneurs.

On pouvait craindre, cependant, que le feu ne se rallumât ; aussi fit-on tout pour l'éteindre en employant les plus habiles moyens, et l'on réussit.

Barberousse était de retour en Allemagne, où il pansait les plaies de son orgueil et méditait d'éclatantes revanches.

Alexandre, de son côté, cherchait prudemment à consolider un triomphe dont il ne pouvait que connaître la fragilité, et il projetait à cet effet la réunion d'un concile œcuménique au Latran, pour le mois de mars de l'année suivante.

Il envoya dans le monde catholique tout entier des lettres y conviant les évêques en ces termes :

« Dans le champ du Seigneur, qui est l'Eglise, naissent chaque jour et se multiplient des germes de corruption, soit parce que l'homme est enclin au mal dès sa jeunesse, soit parce que l'ennemi du salut ne cesse pas de semer l'ivraie parmi le froment, pour étouffer le bon grain. Il est donc nécessaire que les colons de ce champ mettent tous leurs soins tantôt à extirper et à couper les mauvaises herbes déjà nées, tantôt à les empêcher de naître, et par conséquent aussi, à répandre la bonne semence que Dieu fécondera et qui rapportera trente, soixante et cent pour un.

« Ce devoir incombe, sans doute, à tous les pasteurs de l'Eglise universelle, mais il s'impose plus impérieusement qu'à tout autre à l'évêque de Rome, qui a reçu de Notre Seigneur Jésus-Christ, dans la personne de saint Pierre, le pouvoir de commander à cette même Eglise universelle.

« De là notre résolution de convoquer les évêques du monde entier ; et c'est pourquoi nous vous mandons, par ces lettres apostoliques, d'être à Rome le premier dimanche du prochain Carême. »

Les grecs schismatiques furent également conviés par Alexandre, et l'empereur de Constantinople, toujours auguste et toujours grec, ne négligea pas d'envoyer en ambassadeur, un évêque, avec mission de voir très politiquement auquel des deux, du pape ou de l'empereur, il serait le plus avantageux d'entendre.

Ce concile, onzième œcuménique et troisième de Latran, s'ouvrit en effet, le 5 mars 1179, avec trois cent deux évêques et un grand nombre d'abbés.

On y discuta les moyens à prendre pour prévenir les schismes futurs, et l'on décréta que nul ne pourrait être tenu désormais comme élu pape, s'il ne réunissait pas les deux tiers des suffrages des cardinaux du conclave.

Toutes les ordinations faites par les trois derniers anti-papes furent déclarées nulles et non avenues.

On reconnut l'urgence de rétablir la discipline fortement ébranlée, de réprimer le trafic simoniaque des choses saintes dans les églises et les monastères, l'avarice des ecclésiastiques, l'usure exercée par les séculiers, et beaucoup d'autres désordres plus graves encore.

On résolut d'armer des soldats pour réprimer les hérésies et combattre les hérétiques, et d'intéresser à cette croisade générale les différents princes de la chrétienté. Les hérétiques de cette époque se nommaient Cathares, Patarins, Publicains, Brabançons, Aragonais, Navarrais, Bascoles, Cottereaux, Triaverdins, etc. — Tous ces noms indiquent ou semblent indiquer que la plupart de ces gens étaient des fauteurs d'agitations attisées par des revendications régionales; la phraséologie du temps les appelle simplement des manichéens pour plus de clarté et de commodité, ce qui fera dire un jour à un légat envoyé contre eux : « Ne vous inquiétez pas de cela, Dieu fera le triage. »

Alexandre eut voulu que ce concile se prononçât sur d'importantes questions dogmatiques qui agitaient alors les écoles et les esprits, mais à l'ouverture qu'il en fit, un certain nombre de cardinaux, plus préoccupés des questions politiques à liquider, osèrent répondre au pape :

— Saint-Père, nous avons entrepris de traiter, pour le moment, des affaires plus importantes.

— Eh! quoi, s'écria Alexandre surpris, la première et la plus importante cause à juger n'est-elle pas le litige entre la foi et l'hérésie?

Mais ceux-ci, avec mauvaise humeur, se levèrent et partirent. Alexandre les rappela et, de crainte de troubler l'harmonie du concile, remit à plus tard les questions dogmatiques.

D'autres vont recueillir bientôt son héritage temporel et spirituel au milieu de tous les orages et dans le fracas sans cesse renouvelé de toutes les tempêtes.

———•◦◦❙◦◦•———

CONCLUSION.

Tels étaient les grands maux que souffrait l'Eglise au XII⁰ siècle, maux provenant à la fois de la tyrannie des puissants de la terre et des mœurs plus séculières qu'ecclésiastiques de ceux qui n'avaient souvent que le nom d'évêques, tant ils étaient loin de professer et de pratiquer les hautes vertus que saint Paul exige de ceux qui sont revêtus de cette charge.

Mais l'Eglise avait, du moins, une consolation. Elle avait çà et là de grands saints qui étaient l'étonnement de leur siècle par leurs vertus et leur courage ; de plus, la force de sa magistrature spirituelle était telle que les têtes les plus altières finissaient par se courber sous le vent de l'anathème et en appeler à ses bénédictions avec de vraies larmes de repentir.

Le temps viendra, et il n'est pas loin, où des maux plus grands encore fondront sur l'Eglise, lorsque le flambeau de la révolte intellectuelle allumera de vastes incendies dans les âmes catholiques et dépassera de beaucoup les limites d'une saine réaction contre une corruption trop générale.

La seule gloire de l'Eglise, mais une gloire quand même miraculeuse, consistera à être la barque insubmersible, alors même que la tempête sera en elle autant qu'autour d'elle. Mais nous n'en sommes pas encore là.

Alexandre III qui va terminer en 1181 son pontificat

agité, a continué la tradition de revers et de grandeurs qui, comme un flot séculaire et mouvant, fait que la barque de Pierre, tantôt semble au dessous du niveau des abîmes et tantôt paraît, d'autres fois, portée par la vague écumeuse jusqu'aux altitudes du ciel.

Tandis que les temps se renvoient d'échos en échos ces paroles du Christ :

« Tu es Pierre! j'ai prié pour que ta foi ne défaille point. »

Car la confiance de Pierre est, pour toujours, la lumière de gloire qui ne saurait s'éteindre au zénith éternel de la sainte Eglise.

TABLE DES MATIÈRES.